25%の人が
政治を私物化する国

消費税ゼロ・最低賃金1500円で日本が変わる

植草一秀

詩想社
—新書—

［プロローグ］
国家的「改ざん」が横行する
この国の異様さ

◎統計数値の改ざんまでする三流以下の国

アベノミクスが成功したと安倍首相が話し、多くのメディアも「アベノミクスで経済はよくなった」と報じるが、そんな実感はあるだろうか。労働者に占める正規労働者の比率は確実に、そして急速に低下している。

労働者にとって何よりも重要な経済指標は、実質賃金の動きだ。名目賃金の変化からインフレ率を差し引いたものが、実質賃金の伸び率。給料が5％増えても、物価が8％上がったら、実質的には3％のダウンだ。給料はまったく横ばいでも、物価が3％下がれば、実質的には3％のプラスだ。これを実質賃金の変化と言う。

実質賃金指数

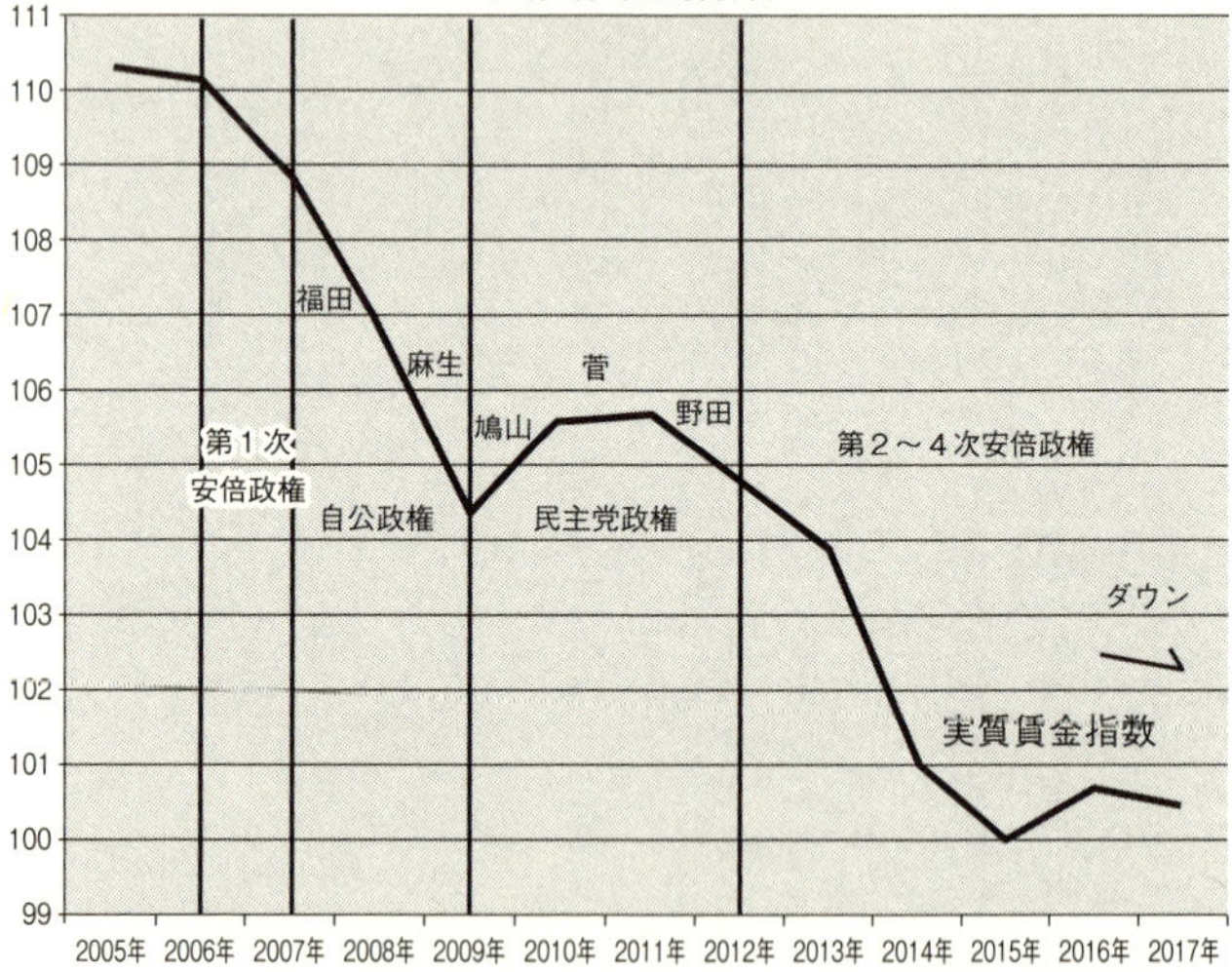

２０１２年12月に第２次安倍内閣が発足したが、６年半の時間が経った。この６年半の間に日本の労働者の一人当たり実質賃金は５％も減った。毎年減り続け、５％の大幅減少が生じたのだ。唯一２０１６年だけ実質賃金が前の年に比べて小幅増加した。理由はこの年のインフレ率がマイナスに転じたことだ。

物価が下がることをデフレと言う。安倍内閣はデフレからの脱却を目指してインフレ誘導を目標に掲げてきた。しかし、そのインフレ誘導に失敗し、２０１６年はデフレに回帰してしまった。給料はまったく増えない。けれども、2016年、デフレに回帰したおかげで初めて実質賃金が小幅プラスを記録した。しかし、2017年は再び実質賃金が減少した。

2019年は政治決戦の年、統一地方選があり、参議院選が行われる。4年に一度の統一地方選と、3年に一度の参議院選挙が同時に行われることになるのが12年に一度のこと。亥年の年にこれが巡ってくる。衆議院の任期は4年だが、任期満了前に衆議院の解散があると総選挙になる。2019年は、場合によっては衆議院総選挙が行われるかもしれない。極めて大事な政治決戦の年である。

この政治決戦の選挙に大敗しないために、安倍内閣は2018年の一人当たり実質賃金伸び率を何とかプラスにしたかった。そこでこの内閣が実行したのは、経済統計の改ざんだった。

実質賃金の伸び率を計算する際に、不正な細工を施した。2018年1月の統計から統計作成方法を変えた。数字が高く出る統計方法を採用した。統計作成方法を変えたのなら、前年比伸び率を計算する場合には、前の年の統計数値も同じ方式に変える必要がある。そうでなければ伸び率は正しい数値を示さなくなるからだ。ところが安倍内閣は、2017年の統計数値はそのままにして、高い数値の出る統計算出方法を2018年1月から用いた。その結果、実質賃金伸び率が高い数字になった。あまりにも不自然に数字が伸びることから、専門家から疑問の声が上がり、その原因が調査されることになった。その結果、統計不正が発覚したのである。

2018年の実質賃金伸び率を同じ統計手法を用いた前年のデータと比較すると、2018年の賃金伸び率もマイナスである。しかし、安倍内閣はマイナスの賃金伸び率を発表すると経済政策の失敗がより鮮明になってしまうことから、いまだに正しい数値を発表していない。経済政策の失敗を隠すために統計数値の改ざんにまで手を染めるということは、三流国、五流国でも行わない。そこまで日本は落ちぶれてしまったとも言える。

◎景気回復の「実感」ではなく、「事実」がないのだ

メディアは「アベノミクスが成功した」と言い、安倍首相も口を開けば「有効求人倍率が47すべての都道府県で1を超えた」とか、「名目GDPが増えた」とか宣伝するので、「日本経済は実際のところはよくなっているのかもしれない」などと思ってしまう人も現れる。

希望の党を立ち上げて、その後に自分でつまずいてしまった小池百合子東京都知事だが、2017年10月の選挙の際には、アベノミクスを半ば肯定するような言い回しをした。「データの上では経済はよくなっているのかもしれないけれども、景気回復の実感がない」と言った。

こうした言い回しが人々の判断を誤らせる。小池都知事の言い方では、「日本経済が改善しているという事実はあるが、実感がない」ということになってしまう。これは事実に反する。日本経済の真実とは、「景気回復の事実そのものがない」というものだ。

経済統計を専門的に分析する者でなければ、客観的評価として日本経済がよくなっているのか、悪くなっているのかを評価するのは難しい。そのために、普通の人々はメディアの表現にどうしても流されてしまう。「自分の個人的な感覚としては、景気回復の実感はないけれども、メディアが日本経済は改善していると言うのだから、おそらくその評価が正しいのだろう」などと思ってしまう。

ところが、中立公正の立場から経済統計を評価するかぎり、景気回復の事実は存在しないし、労働者にとっていちばん大切な実質賃金は大幅に減少しているという事実を確認できる。

私たちは、こうした日本経済の真実を知ることがとても大切である。ところがメディアが流布する情報に多くの嘘が含まれていて、メディアが流布する情報を鵜呑みにしていると、真実の姿がわからなくなってしまう。

若い人々は、日本経済が低迷期に入ってから生まれている。現在40歳の年齢に達している人でさえ、中学校に入った頃以降は日本経済が停滞し始めていた。失われた10年が失われた20年になり、そして失われた30年になった。ものごころがついた頃から、日本経済は停滞を続け、私たちの生活は不安に脅かされてきた。正規労働者の比率は下がる一方、学校を卒業しても条件のよい就職の環境が存在しない。この厳しい環境のなかで何とか歯を食いしばってみんな生きていた。

このような厳しい環境にあるから、政治権力に物を言うことを憚《はばか》る空気が支配している。政治権力と人を雇う企業とは深く結びついている。反権力的な言動を示せば、企業の経営者からマークされてしまう。学生であれば、自分にとってとても大切な就職などに悪影響が出てしまうかもしれない。こうした状況から、とりわけ若い人たちが権力に対して物を言う、あるいは異議を唱える行動を消滅させてしまっているようにも見える。

しかし、日本国憲法が定めている日本の政治制度は、代議制民主主義である。国民は自ら代表者を選び、この代表者を国会に送る。憲法は国会を国権の最高機関と定めている。私たちが選ぶ代表者が国会に送られ、その国会で重要なことが決定される。政治の決定で最も重要なものは法律と予算である。政治の活動の中核が法律の制定と予算の決定であり、行政の役割はその執行だ。憲法は国民を主権者としている。国民が代表者を選び、その代表者が国会で審議をして、法律や予算を決める。その決定に基づいて役所が行政を執行するのだ。だから、いまの世の中がおかしいと主権者である私たちが考えるならば、その考えを選挙で表し、政治を変えることができる。

ところが、メディアはいつも「安倍一強」と言う。後継者不在などとも伝える。永遠に安倍一強体制が続いてしまうかのような錯覚を与える情報「操作」だ。権力に異議を唱えなくなった若者たち、権力に物を言わなくなった国民が増えるにつれて、「どうせ変わりっこない」のあきらめムードが広がり、２０１２年12月に誕生した安倍内閣が６年半も持続するという事態に至っている。

この内閣は国民から強い反発を受けた重要な決定を強行し続けてきた。特定秘密保護法を制定、集団的自衛権行使を容認、これに基づき平和安保法制と呼ばれる戦争遂行のための法制度を制定した。さらにＴＰＰに参加し、種子法廃止、漁業法改定、水道法改定などを強行してきた。〝働き方改革〟という名の〝働かせ方改悪〟法制を強行し、外国人に国民がやりたがらない仕事を低賃金で押しつける入管法改定も強行した。福島原発事故がなお収束もしていないなかで、全国の原発を再稼働させている。これらの政策運営について多くの国民が反対意見を表明してきたけれども、安倍内閣与党である自民党と公明党が、衆参両院の国会議席の約7割を占有し、文字通りやりたい放題の状況を続けてきた。

しかしながら、もし主権者である私たちの多数が「この政治はよくない。この政治を変えるべきだ」と考えるなら、政治の修正、政治の刷新は、実は可能である。選挙で国会の議席構成を変えればいいのだ。

◎「戦争と弱肉強食」という政策路線

安倍政治が推進しているものは、戦争と弱肉強食である。もちろんこの政策路線に賛成する国民もいる。一人ひとりの国民がそれぞれに自分の考えを持っている。戦争と弱肉強食の政策でさえ、それぞれの個人がどのような判断を持つかは、その個人に委ねられているから、存在すること自体は否定されるべきことではない。

そして、安倍政治のもうひとつの特徴が、アメリカに従属することである。戦後日本の根幹、最重要の伝統が、この対米従属、対米隷属である。

戦争と弱肉強食、そして対米隷属の政治を変えるべきだと考える国民も多数存在する。戦争ではなく、平和を目指す。弱肉強食ではなく、ともに支え合う、分かち合う経済を実現すべきだと考える人も多い。対米隷属から抜け出して、日本の自立を確立しようと考える人も多い。国民の多数が結束して連帯すれば政治を変えられる。これを実現しようではないか。

日本の政治の現状を変える、そして新しい政治を確立する。私たちは何を目指し、具体的にどのような政策を実現するのか。その政治刷新を実現するためには、どのような戦術が必要なのか。この問題をじっくりと考えてみたい。日本の政治の仕組みを根底から刷新する、このことを適切に表現する言葉は「革命」である。ただし、無血の革命である。暴力によって新しい権力を打ち立てるのではない。選挙を通じて政治権力を変え、そのうえで新しい政治を実現する。

ガーベラという花は色とりどりの美しく可愛らしい花である。多様性の象徴でもある。この花が咲いているだけで、その場にいる人の心が明るくなる。ガーベラには「希望」、

「前進」、そして「限りなく挑戦」という花言葉がある。「誰もが笑顔で生きていける社会」を実現することを、私は「ガーベラ革命」という言葉で表現した。選挙を通じて政治の体制を変えて、誰もが笑顔で生きていける社会を実現する。これがガーベラ革命である。

令和という新しい元号がスタートした。元号は支配者が時間の空間をも支配するために用いたものであり、民主主義の日本には必要もなく、ふさわしくもないものとも言える。しかしながら日本の人々は、お祭りも好きだし、新たな話題、新たな流行も好きである。そのような軽い感覚で元号を使うことができるのであれば、それはそれでよいのかもしれない。この新しい令和という時代を迎えて、日本の主権者、庶民がこの国の政治を自分たちの手もとに取り戻す。それが令和の国盗り物語である。誰もが笑顔で生きていける社会を実現するガーベラ革命を、みんなの力で実現しようではないか。それがこの新しい元号である令和の国盗り物語である。

◎日本の政治を刷新するための5つの心得

この壮大な構想を成功させるために大切だと考える5つの心得を提示しておきたいと思

う。

第一は、情報を鵜呑みにしないこと。歴史作家の塩野七生さんが『ルネサンスとは何であったのか』（新潮文庫）のなかで、ルネサンスをひと言で表現している。それは「すべてを疑うこと」である。当たり前とされてきたこと、不動の事実であるとされてきたこと、それらの一つひとつを、一から疑ってみた。これがルネサンスをもたらす原動力になったと、塩野さんは指摘する。

私たちは多くの情報をメディア、とりわけ強い影響力を持つマスメディアから入手する。その情報を鵜呑みにして、昨日テレビで聞いたコメンテーターの主張を、次の日には自分の意見のように話す人を多く見かける。ところがメディアにはメディアの事情と考えがあって、その考えに基づいて情報が発せられている。そして、メディアの思惑通りに人々の認識と判断が簡単に操作されてしまう。

日本の世直し、ガーベラ革命を実現するためには、まず「すべてを疑うこと」から始めなければならない。ある判断が伝えられたときに、その判断を下したのは誰なのか、ある事実が伝えられたときに、その事実が本当であるのかどうかを確かめてみる。すべてを疑い、自分の目で確かめ、自分の頭で考え、そのうえで判断する。この習慣を身につけなければいけない。

第二に、権利を粗末にしないこと。政治を変えるためにいちばん大切な権利は、参政権である。国民主権の原則はあるが、日本は代議制民主主義の制度を採っている。日本国憲法前文に明記されているように、国民は代表者を通じて行動するのである。この制度のもとで最も大切な政治への参加の権利が参政権、選挙で投票する権利である。驚くことに日本では、主権者の約半分がこの権利を放棄してしまっている。この権利を放棄すると、私たちの考えを政治に反映させることができなくなってしまう。参政権を粗末にしない。これが第二の鉄則である。

第三は、政党任せにしないこと。国民は代表者を国会に送り、その代表者が国民に代わって政治活動を行っている。その際、同じ考え、哲学、主張、政策方針を持つ人々が組織をつくる。これが政党である。議会制民主主義を効率よく運営するために政党が必要で、政治活動は政党を中心に動いている。ところがこの政党が硬直化して、主権者の意向を正面から受け止めて行動しない傾向が垣間見られる。政党の役割のすべてを否定するわけではないが、主権者である私たちの意思、考えを正面から受け止めて行動する政党が不在になってしまう場合には、もはやこの政党だけに政治活動を任せるわけにはいかなくなる。

まさに現在の状況がこれだ。

主権者が積極的に行動して、必要があれば新しい政党を創設する、あるいは育てることが大事だ。山本太郎参議院議員が新しい党をつくる試みに動き始めた。日本政治に大きな嵐を呼び起こすチョウの羽ばたきになるかもしれない。既存の政党が期待に十分応えてくれない現実があるなら、主権者が主導して新しい政党を立ち上げる、あるいは新しい政党を育てるということも考えなければいけない。

第四の心得は、政治を刷新するための戦術として、目標を絞り込むことである。安倍政治を許さないと考える主権者の立場からすれば、大事な政策方針がいくつもある。戦争推進を平和維持に変える。原発推進を原発廃炉に変える。辺野古米軍基地はつくらない。TPPプラスから離脱する。そして弱肉強食の経済政策運営を共生重視の経済政策運営に変える。多くの課題が山積している。これらのいずれも大事なものであるが、選挙を通じて政治を変えるためには、主権者の選挙への全員参加を促す意味でも、主権者の心に響く重点事項に絞って訴えかけをする必要がある。とりわけ人々の暮らしが困窮化を強めている現在の状況においては、経済政策問題の重要性は高いと思われる。

そして第五の心得は、決してあきらめないこと。第2次安倍内閣が発足して6年半も時間が経ち、目先の選挙で政治情勢の激変が生じない見通しが強まると、えてしてあきらめムードに陥ってしまうのが人情というものであろう。しかし、あきらめることは敵に塩を送ることである。日本政治刷新の夢をあきらめることを、敵は拍手喝采するだろう。敵を喜ばせぬためにも、あきらめてはだめだ。伊藤真弁護士が「ゆっくり急げ＝フェスティナ・レンテ」という言葉を掲げている。「焦らず、慌てず、あきらめず」の言葉を胸に刻み、大きな目標を持って、その目標に向かって一歩ずつでも前進し続ける。前進し続けるかぎり必ず目標に到達する。夢をあきらめない。これが大切なことだ。

これまでの政治運動は、ともすればのぼりを立て、拳を振り上げ、反対闘争に明け暮れた。しかし暗さと悲壮感が広がる運動に、人々は積極的に関与したがらない。みなが手をつなぎ連帯していくためには、明るさが必要である。愛と夢と希望のある運動でなければ、大きな広がりを持たない。誰もが笑顔で生きていける社会をつくる運動であるからこそ、そこに必要なのは、愛と夢と希望である。政治は小難しい話ではなく、私たちの生活そのものである。政治に無関心ではいられても、政治に無関係ではいられない。政治の決定が否応なく私たちの生活に直結し、影響する。この私たちの暮らしをどのように変えていくのか。それが政治の課題であり、私たちの現在と未来の生活そのものなのである。

25%の人が政治を私物化する国◎目次

プロローグ

国家的「改ざん」が横行するこの国の異様さ

第1章

あなたもすでに騙されている

メディアによる情報操作の実態 ―― 26

第3章 日本を蝕む5つの深層構造

第1章

あなたもすでに騙されている

メディアによる情報操作の実態

◎国民が情報操作されやすい日本特有のメディア事情

私たちは毎日判断している。毎日物事について感想を持つ。意見を持つ。主張を持つ。それらの意見や判断、主張は、自分で考えたものと感じているが、本当にそうだろうか。私たちが持つ情報はどこからもたらされたものか。考えてみると、私たちが得ている情報の多くがかなり限られた情報源に拠っていることがわかる。

私たちの情報の多くは、テレビや新聞、あるいは雑誌、そしてインターネットを通じて獲得されたものである。このような情報を発信する媒体がメディアである。そのメディアのなかで大きな影響力を持つ存在が、マスメディアである。

日本には「16社体制」という言葉がある。これはマスメディアの大手が16社であることを意味するものだ。1000人集まる集会を1000回開催して伝えられる人数は、10

0万人である。これに対して全国放送のテレビが1%の視聴率で伝えることのできる人数が、100万人である。全国放送のテレビで視聴率1%というのは、極めて低い数字である。この数値が続けば、番組は直ちに打ち切りとなってしまうだろう。それでも1%の視聴率の番組が瞬時に情報伝達している人数は、100万人を超える。1000人の集会を1000回開催することと比較して、テレビの威力の大きさが推察される。

日本には全国放送を行うキー局が5つある。日テレ、TBS、テレ朝、フジ、テレ東である。この5社は同時に、系列の新聞社を保持している。全国で読まれている新聞である。読売、毎日、朝日、産経、日経である。

地方では地方紙と呼ばれる新聞が購読されている。戦時体制の影響で、47都道府県にそれぞれ原則としては1社の新聞社が存在する。その地方紙に情報を提供している報道機関がある。これが通信社である。共同通信社と時事通信社が日本の2大通信社であり、これ以外に大手通信社は存在しない。それぞれの地方のローカルな情報は地方紙が独自に取材をし、記事にするが、全国ニュースおよび海外ニュースは通信社が提供する情報をそのまま掲載する。地方紙を通じて情報を提供しているのが共同・時事の2つの通信社である。

新聞社のなかに、全国紙ではないけれども都道府県をまたがり広域に新聞を発行しているブロック紙と呼ばれる企業が3社ある。北海道新聞、中日新聞、西日本新聞である。

そして唯一の公共放送とされるＮＨＫが存在する。全国放送のキーテレビ局5社、全国紙5社、通信社2社、ブロック紙3社、これにＮＨＫを加えた16社が、日本の最大の情報供給源になっている。

人々はこの16社から情報を得ていることが多い。これ以外に雑誌、単行本があるが、雑誌も、主要な雑誌は大手の出版社が発行するものである。インターネットには多種多様な情報が提供され、そのなかに重要な価値を持つ優れた情報が存在するが、情報提供の比重でいえば限りなく限定的である。

私たちがインターネットの情報を入手しようとする際に最初に開くページがある。これが「入り口サイト」＝ポータルサイトと呼ばれるものである。情報検索サイトであったり、ニュースサイトであったりするが、このポータルサイトを提供している企業も極めて限定的である。Google、Yahoo!、MSN、@nifty、livedoorなど、大きな資本が提供するページがポータルサイトとして利用されていることが多い。要するに私たちの情報入手源が非常に限定されているという事実がある。

「すべて疑うこと」から始めなければならないというが、国際比較をすると日本人の騙されやすさは突出していると言われる。中国人と日本人の相違を表す言葉として、「絶対にこの人は信用できないとわかるまで信用し続けるのが日本人、絶対にこの人は信用できるとわかるまでは信用しないのが中国人」という言葉があるが、日本人は騙されやすい。そしてマスコミ情報を鵜呑みにする比率が最も高いのが日本人であるとの調査結果も存在する。

マスメディアが提供する情報の信頼度の調査において、民間資本の情報に対する信頼度は十分高いとは言えないが、圧倒的な信頼度が計測されているのがＮＨＫ情報である。ところが、このＮＨＫこそ諸悪の根源のひとつであるというべきであろう。ＮＨＫは政治権力の支配下に置かれており、ＮＨＫの提供する情報を鵜呑みにするべきでない。

ところが各種調査は、日本人の受け止め方として、ＮＨＫの情報を信頼するという比率が圧倒的に高いことを示している。諸外国では、メディアが提供する情報など端《はな》から信用しないという姿勢を保持する市民が圧倒的に多い。米国ではトランプ大統領がマスメディア批判を大々的に展開し、これが多くの米国民の共感を呼んだ。ところが日本では、いまだに強いメディア信仰があり、このことから、権力者はメディアの情報をコントロールすることにより、人心をコントロールすることを重視し、実際に実行している。

現状を打破するためには、私たちがメディア情報を信用しない、メディア情報を鵜呑みにしないという姿勢を確立することが大切である。

◎選挙結果を左右する情報操作はいかに行われるか

日本の有権者の半分が参政権を放棄しているということを記述した。他方、選挙に熱心に取り組む人々がいる。政治から利益を得ている人々である。日本の最重要の政治問題は、政治の利権化である。言い換えれば、これは日本財政の最重要問題である。

財政の構造改革の中心テーマは財政赤字削減ではない。財政支出の内容を見直すことである。財政支出の多くが利権の源泉になっている。その利権のおこぼれにあずかる人々は、最大級の熱心さで選挙に取り組む。

安倍内閣与党が選挙で得ている票は、全有権者の約25%である。衆議院総選挙の比例代表選挙の党派別得票数から計算できる。何回も選挙は行われているが、数字はほとんど変動しない。自民党の得票率が18%程度、つまり主権者の5人に1人、あるいは6人に1人しか自民党に投票していない。公明党の得票率が全有権者の7%ほどあり、自公合わせて約25％である。ところが、この25％の得票によって自公は国会議席の約7割を占有している。

選挙に国民の半分が行っていない。選挙に足を運ぶ半分の国民のうち、半分弱が自公に投票し、半分強は非自公に投票している。したがって本来は自公と非自公の獲得議席比率が五分五分であってもおかしくはないのだが、現実には自公が7割、非自公が３割という結果になっている。これは選挙制度の特性によるもので、日本の選挙では衆議院・参議院ともに定数１の選挙区が多い。１人しか当選者が出ない。このような選挙区で非自公の側が複数の候補者を立てると票が分散し、自公候補者が勝利するということになる。

このような状況下で、自公に投票する者が全体の25％という比率であるのに、国会議席の7割を確保し、まさに「やりたい放題」の政治運営を継続している。この25％の人々が巨大な財政資金のおこぼれに頂戴する人たちであり、誰よりも熱心に選挙に参加をしている人たちなのだ。

彼らがこの構造を維持するために大事なことは、自分たちと敵対する考えを持つ人たちが、できるだけ選挙に参加しないことである。利権に群がる我が勢力は全員参加で選挙に臨む。棄権率ゼロを目指す徹底した選挙運動が展開される。選挙結果を自分たちに有利な状況にするためには、我が勢力以外の人々には、できるかぎり選挙に行ってほしくない。

この事情を背景にして、選挙に際しては、人々が政治問題に関心を持つことを妨害する工作が展開される。人々の認識、判断はマスメディアが提供する情報によって左右される。選挙に際して、人々ができるだけ政治に関心を持たないように、情報操作、情報誘導が行われるのである。

選挙が近づくと、なぜか大物芸能人、著名人の麻薬事件が表面化する。2012年の総選挙の際は、NHKが突然PM2・5の報道を大々的に展開し始めた。2019年春の統一地方選においては、オレオレ詐欺、アポ電詐欺などの問題に報道時間が割かれた。象徴的なのは、統一地方選の告示と投票日の間に新元号の発表日程が組み込まれたことである。メディア報道を非政治問題に染め抜くための方策ともいえる。

選挙が近づくと資産家殺人事件など、大きく報道する必要のない話題に関する情報が延々と報じられる。ワイドショーは誰かに指図されたかのように各局横並びで、政治以外の問題に報道時間を充当する。この行動の背後には、一般市民はできるだけ選挙に行かないでくれ、という利権勢力の強い願いがある。

◎私たちの町内会にも見られる政治の利権化構造

現代日本の政治状況は町内会の姿とダブる。町内会では、月６００円あるいは７００円といった町内会費を集める。年間にすれば７０００～８０００円の負担になる。１００世帯あれば70～80万円、４００世帯あれば３００万円相当の資金が徴収される。町内会費は町内会活動に必要な経費に充当されるけれども、その一部は利権的支出に回される。役員懇談会と称する会合の飲食費に用いられることもある。

町内会に加盟している大多数の世帯の人々は、役員になろうともしないし、町内会の総会にも出席しない。各種行事にも参加しない。月６００円、７００円の負担を、近所づき合いのコストとして解釈して、町内会費がどのように使われているのかについて関心も持たない。

しかしながら、一部の人々にとっては、極めて重要な利権になっている。町内会に参加しているすべての世帯が町内会運営に十分な関心を持ち、お金の使い方などについて厳しいチェック体制を敷けば、町内会の財政運営は透明化され、町内会費を引き下げることが可能になる、あるいは、より重要性の高い支出対象に町内会費が充当されることになるが、改革は行われず、町内会の利権財政運営が存続し続けていることが多い。

　現在の、自公政治は、この町内会にも影響力を行使している。例えば市がゴミの有料化を進めるために、市民の賛同を得ようとする。市は町内会に対する助成金を増やすことと引き換えに、ゴミ有料化の賛同を取りつける。財政支出が、町内会内部での意思決定を誘導するために投下されるようなことも現実に存在するのだ。

　市長選が近づくタイミングで、町内会の回覧板に市長との懇談会開催のお知らせが舞い込むこともある。町内会の利権化が容認され、利権に関わる町内会幹部を組織化して支配し、財政資金を利害誘導の手段として用いて町内会レベルの意思決定を誘導する現実が、日本全国津々浦々の市町村、町内会に張り巡らされている。利権政治は国政レベルだけでなく、津々浦々の町内会にまで染み渡っているのだ。

　財政運営の透明性向上、真の財政構造改革は、このような原点に立ち戻って実行されなければならないだろう。

1%による99%の支配を可能にする5つの道具

◎民主主義再建に必要なのは、情報操作の排除と教育の刷新

利権政治勢力が人民を支配するための方策、手段が5つある。私は、これを「人民支配のツールファイブ」と表現している。歌手グループの名称に似たものがあったが、「ツールファイブ」を示しておきたい。①洗脳、②教育、③堕落、④恐怖、⑤買収である。

民主主義の根本原理のひとつに、多数決原理がある。議論を重ねて最後は多数決で決める。多数決で決めるのであれば、51%以上の勢力が主導権を握ることになる。ところが日本の政治の現状を見ると、多数勢力の利益が追求されていないことがわかる。安倍政治の本質は、ハゲタカファースト、大資本利益追求である。

1%対99%という社会構造の見立てがある。1%の超富裕層、巨大資本を支配する1%勢力と、この資本によって搾取される99%の労働者勢力。社会の多数が主導権を確保して

いない。圧倒的少数の1％勢力が実質的に社会を支配してしまっている。この社会構造を転換すべきだ。これが「ウォール街を占拠せよ」というスローガンで知られるようになった「99％運動」の考え方である。

民主主義が機能しているなら、99％の側が求める政策、路線が選択されるはずだ。ところが現実にはそうなっていない。1％の資本家勢力の利益を追求する政治が、日本でも、そしてアメリカでも実現している。1％の勢力が民主主義体制の下で自らの利益を追求する政治を実現するには、どうしても乗り越えなければならない壁がある。それは99％の人々を騙す、あるいは懐柔することである。そのための手法が5つの手法、ツールファイブなのだ。

洗脳とは情報操作によって人々の判断が誘導されることを指す。利権政治勢力はマスメディアを支配している。このマスメディアが発する情報をコントロールすることによって、人々の知識、関心、判断を誘導する。大自然の光景を目にする際、目の前に赤いセロファンを貼れば、赤い景観が脳のなかで認知される。緑のセロファンを貼れば、緑色の景観が脳に認識される。黄色のセロファンであれば黄色だ。私たちが入手している情報は生の情報ではなく、マスメディアというフィルターを通した情報である。

そのマスメディアが赤色のフィルターを被せて情報を伝えれば、赤色の情報が脳に刻まれる。緑色のフィルターをつけて情報を提供すれば、緑色の情報が脳に焼き付く。マスメディアを支配下に置くことによって人々の脳に焼き付ける情報を操作することができる。

インターネットのニュースサイトを入り口のサイト、ポータルサイトに設定する個人が多い。多くのポータルサイトは芸能・スポーツ情報に人々を誘導する。人々が関心を注ぐような見出しを大きく掲げ、この方向に人々の情報探索を誘導する。

多くの市民を芸能・スポーツ情報の空間に閉じ込めてしまえば、彼らが政治問題や社会問題に関心を持つことを封じることができる。現代社会においてメディアコントロールは、権力者にとって最重要の人民コントロールのツールになっている。

第二のツールは教育だ。日本の民主主義を再建するためには、マスメディアの情報操作、メディアコントロールを打破することと、教育の刷新を図ることが最重要の課題である。

三つ子の魂百までと言うが、生誕から義務教育段階の教育が終了するまでに実行される教育の影響は計り知れない。小学校、中学校が義務教育段階とされるが、中学校を卒業する15歳までの15年間の教育のあり方は、その後の人格形成に決定的な影響を与えることが多い。

敗戦後の日本は重化学工業の発展によって高度成長を遂げ、日本を世界第2位の経済大国の地位にまで押し上げた。この工業化社会としての日本の発展に、日本の教育が一定の寄与をしたことは確かであろう。均質な能力、高い読み書きそろばん能力、そして従順な人格、この資質を備える国民を生み出した日本の教育システムは、重化学工業の発展をもたらすには好都合であったかもしれない。

しかし、いまや日本の産業競争力は刻々と低下しつつある。世界経済の先端分野が時代の流れとともに大きく変わっている。単なるモノづくりの時代が終焉し、コンピュータ・通信を基盤とするソフトウェアの開発競争が進み、そして時代は次のAI、5Gの世界に移行しつつある。この段階で日本は決定的な競争力喪失の状況に追い込まれ始めている。

依然として自動車の売上金額のウェイトが大きいために、辛うじて自動車において日本の技術が世界のトップレベルに食い込んでいるが、この自動車産業が今後30年間に劇的な転換を遂げる。ガソリン自動車から電気自動車へ技術の根幹が移行するとともに、自動車産業の中核をAIと通信、IOTが担うようになる。自動車産業をめぐる企業勢力図が一気に塗り替えられる可能性が高い。

こうした産業構造の変化が進展するなかで、日本の教育システムの弊害が一段とクローズアップされることになる。安倍内閣は２００６年に教育基本法を改定した。国家の形成に資する国民の育成が教育の目的とされ、歴史と伝統を重んじ、郷土を愛することが教育の目標に掲げられた。安倍内閣は国家のための人材育成を教育の根幹に据えている。しかし、教育は本来、国家のためのものではなく、個人のためのものであるべきだ。国家のための教育という日本の教育のあり方を、抜本的に見直すことが急務になっている。

◎敵対勢力を排除するために用いられてきた「人物破壊工作」

堕落とは、人々の関心を政治から逸らすことである。ＧＨＱの占領政策の手法のひとつに、３Ｓが掲げられていた。「スポーツ」・「セックス」・「スクリーン」。ここに人々の関心を惹き寄せる。政治問題に関心を持たせぬためである。戦犯容疑者で収監されながら釈放された者のひとりに、正力松太郎氏がいる。日本の原子力政策を推進した人物であり、同時に読売グループの実質的な創設者である。読売グループは読売新聞として情報操作の一翼を担うとともに、読売巨人軍によってスポーツに人々の関心を惹き寄せることに大いなる貢献をした。スポーツ新聞には「セックス」・「スクリーン」という言葉に表される芸能情報、エログロ情報が織り込まれている。

近年、新たな利権産業としてスポーツ産業の位置づけが急拡大しているが、スポーツ振興は同時に、人心を政治から引き離すツールになっている。さらに、スポーツ振興は、国威発揚、滅私奉公、学徒動員の方向に政治や社会を誘導するために用いられている。東京五輪・パラリンピックに際してのボランティア動員は、まさに本間龍氏が指摘する「ブラックボランティア」そのものであり、安倍内閣が推進する五輪には、多くの後ろ暗い部分がつきまとっている。

第四のツールは恐怖。政治権力にとって好ましからざる人物は、人物破壊工作の対象とされる。筆者もその典型事例のひとりであると判断する。人物破壊工作の大きさは、その人物の重要性に比例するものである。最も叩かれる者ほど、最も脅威になっている者、と表現することができるだろう。

鳩山友紀夫元首相は、いまなお激しく叩かれ続けている。このこと自体が鳩山友紀夫元首相の脅威の大きさを示している。日本の既得権勢力、利権集団にとって、鳩山友紀夫氏の存在が絶大なる脅威であるからこそ、激しい攻撃が続いているのだと考えられる。

2006年の民主党代表選で小沢一郎氏が新代表に就任した瞬間から、民主党の大躍進が始まり、わずか3年で政権交代成就という偉業を成し遂げた。この２００６年の小沢一郎氏民主党代表就任の瞬間から、小沢氏に対する激しい人物破壊工作が展開された。筆者は小沢一郎氏および鳩山友紀夫氏が主導した民主党による日本政治刷新の運動を支援し続けてきたが、この過程で卑劣な人物破壊工作の標的とされたのである。

戦後史を振り返れば、１９５６年に樹立された片山哲内閣、後継の芦田均内閣、そして１９５４年樹立の鳩山一郎内閣、57年の石橋湛山内閣、さらに時代が下り、田中角栄内閣、細川護熙内閣、鳩山由紀夫内閣が、対米隷属日本政治の枠組みから距離を置き、ここから抜け出そうとしたが、これらの政権がことごとく破壊されてきたことが鮮明に浮かび上がる。激しい人物破壊工作は危険人物に対する破壊工作であると同時に、危険人物になり得る者に対する警告のメッセージでもある。激しい人物破壊工作の大きな狙いは、人物そのものの破壊と同時に、そのことが周知徹底されることによる見せしめ効果にある。

第五のツールが買収だ。日本人でありながら売国行為に勤しみ、グローバル資本、米国の支配者の代理人となり活動を続ける人物が存在する。これらの人物は、その対価として巨大なバックマージンを受け取っていると推察される。安倍内閣を持ち上げていたジャーナリストが準強姦容疑の逮捕状を発付された。ところが、警視庁幹部が逮捕直前に逮捕状を握り潰した。かたや犯罪事実が存在しないにもかかわらず、ブラックボックスの捜査取調室において犯罪を捏造し、無実の人間を犯罪者に仕立て上げるという無法行為が白昼下で実行されている。

洗脳、教育、堕落、恐怖、買収の5つのツールにより、1%による99%支配の構造が支えられている。

第２章

「私物化された政治」を止める５つの改革

アベノミクスの正体

◎「経済政策は成功した」と安倍首相がアピールする3つの論点

安倍首相は、安倍内閣の経済政策を自画自賛する。2012年12月に第2次安倍内閣が発足した。このとき安倍首相は新たな経済政策を提案し、自らアベノミクスと命名した。1981年に登場した米国のレーガン大統領が新しい経済政策を提案した際、レーガンのエコノミクスを略して「レーガノミクス」と表現した。これにちなんで「アベノミクス」と命名したのである。安倍首相は国会答弁などにおいて、「アベノミクスは成功した」と力説する。

安倍首相の主張はいつも同じパターンである。1・有効求人倍率が上昇した。2・雇用が増えた。3・就職内定率が上昇した。4・企業利益が増えた。5・株価が上昇した。6・外国人訪日客が増えた。これらを列挙し、アベノミクスがいかに輝かしい成功を収めたかを強調する。しかし、ここでアピールされている内容は重複が多く、要約すると３つに整理できる。第一は、雇用が数の面で改善したこと、第二は、企業部門の好調さが観察できること、第三は、外国人の訪日客が増えたことである。

雇用が数の上で好調さを示すことは悪いことではないが、労働者の幸福はそれによって拡大するとは言い切れない。数の面で改善が示されても、質において改善がなければ労働者の幸福は増大したとは言えない。企業部門の好調が観察されていることは事実であろう。しかし、その企業の改善が労働者の犠牲の上に成り立つのであれば、労働者である一般市民はこれを喜ぶわけにはいかない。多数の外国人が日本を訪問することも喜ばしいことではあるが、最大の背景は為替レートの変化にある。円高の局面であれば、１ドル紙幣で75円分の買い物しかできない。円安になり1ドル＝１２０円になれば、同じ1ドル紙幣が１２０円の重みを持つことになる。国内の消費が低迷するなか、企業は外国人の消費に期待せざるを得なくなっている。政府は観光事業を支援するために巨大な予算を投下している。その影響もあり、外国人の訪日客が増えている。

アベノミクスにより日本経済に改善した側面が存在することは事実であるが、経済政策全体をその一部の事実だけで評価することは妥当でない。２０１２年12月に第２次安倍内閣が発足して以来、２０１９年末で丸７年という時間が過ぎ去る。この７年間の日本経済全体を振り返ると、経済成長率全体は極めて低迷している。雇用は数の上で改善したとは言いながら、労働者一人当たりの実質賃金の推移を見れば、５％もの大幅減少が生じている。雇用が増加したのは事実であるが、増加した雇用のうち正規労働者の比率は４分の１に過ぎない。増加した雇用の４分の３は非正規労働者なのである。

日本の労働者の正規と非正規の比率は、２０００年以降急激な変化を示している。正規労働者が減り、非正規労働者が増加の一途をたどっている。それでもなお正規労働者は全体の６割を占め、非正規労働者４割を上回っている。ところが新たに職に就いた労働者のうち、正規労働者が４分の１であり、非正規労働者の比率が４分の３であるために、正規労働者の比率はなお急激に低下し続けている。

経済全体が低迷しているなかで、非正規労働者を中心に雇用者の数が増えた。経済全体は停滞しているのに企業の利益が増えたから、労働者の取り分、労働分配率は低下している。縮小したその労働分配所得を分け合わなければならない人数だけが増えていく。そのために一人当たりの所得は大幅に減ってしまっている。これがアベノミクスの実相ということになる。

◎インフレ誘導政策は企業の労働コスト削減が狙いだった

そもそもアベノミクスとはどのようなものであるのか。安倍内閣は政権発足当初、「アベノミクス３本の矢」と表現して、これをアピールした。３本の矢とは、金融緩和政策、財政出動政策、成長戦略のことである。

そもそも経済政策とは、財政政策、金融政策、その他の構造政策によって成り立っている。マクロの経済政策には財政政策と金融政策とがあり、他方、ミクロの経済政策として経済構造にかかる政策がある。したがって３本の矢という特別の名称をつけなくとも、もともと経済政策は財政政策、金融政策、構造政策の３つによって成り立っているわけだ。

ところが「アベノミクス」という名称をつけることにより、何か特別な、目新しい、際立った政策が行われているとの「印象」が植えつけられる。安倍首相がお得意の「印象操作」がここでも鮮明に浮かび上がる。

アベノミクスの３本の矢は、財政政策、金融政策、成長戦略と呼ばれる構造政策であるが、具体的には、まず金融政策において金融緩和が提唱された。目的はインフレ誘導である。インフレを実現するために量的金融緩和政策を拡大する。この方針が採られた。財政政策については財政出動が唱えられた。そして構造政策として成長戦略が掲げられたのである。

この3つの施策は、その内容に照らしていうならば、「3本の毒矢」政策と言わざるを得ない。企業にとってアベノミクスは好都合なものであるが、主権者である一般市民にとってアベノミクスは、プラスではなくマイナスの効果をもたらす。だから「毒矢政策」と言わざるを得ない。

第一の矢であるインフレ誘導について考えてみよう。インフレが生じる場合に、メリットを受ける経済主体とデメリットを受ける経済主体に分かれる。インフレによってメリットを受けるのは企業である。企業にとって利益を生み出せるかどうか、最大の障害になっているのが労働コストである。労働コストは賃金水準によって決定されるのだが、名目賃金を引き下げることは容易ではない。賃金には下方硬直性があると言われている。デフレの時代、物価が下がるのに名目賃金を引き下げることができなかった。そうなると実質的な企業の賃金負担は増大してしまう。だからこそ企業にとっては、デフレではなくインフレが望ましい。インフレが生じると、名目賃金を据え置いたままで実質的な企業負担が減る。インフレの分だけ実質的な賃金を圧縮できるのである。

そもそもインフレ誘導政策が提唱された背景は、企業の労働コストを削減することが狙いだった。東西の冷戦が終焉し、中国などの新興国が新たに資本主義経済に組み込まれた。先進国の企業は新たなビッグプレーヤーの誕生という脅威に直面し、世界の大競争の波に飲み込まれていった。その過程でグローバルな大競争時代のなかで生き残りを果たしていくためには、労働コストの圧縮が必要不可欠であった。インフレが生じるときに賃金を横ばいに維持しておけば、実質賃金を引き下げられる。アベノミクスが目指したインフレ誘導は、企業の労働コスト削減に政府が協力することを意味したものである。

このことは同時に、賃金労働者や年金生活者に不利益を与えることを意味する。インフレによって実質賃金が減少することは、労働者にとって大きな痛手である。また労働者や年金生活者が保有している虎の子の預金や貯金は、インフレが発生するとその分だけ実質的な価値が減少してしまう。逆に企業が抱える債務は、インフレが生じるとその分だけ負担が軽くなる。アベノミクス第一の矢である金融緩和政策の目標であるインフレ誘導は、企業にとってメリットのある施策であって、一般の労働者や年金生活者にとっては、百害あって一利のない政策であった。

◎第三の矢こそアベノミクスの神髄

アベノミクス第二の矢は、財政出動である。2013年度は積極財政政策が実行された。しかし、その翌年の2014年度には、一転して強力な財政緊縮政策が実行された。消費税率が5%から8%へ引き上げられたのである。この消費税大増税は日本経済を撃墜した。経済の動きを正確に表示しているのが、鉱工業生産指数である。鉱工業生産指数の推移を見ると、2014年3月を境にはっきりと生産活動の減少が示されている。2014年3月を起点とする生産活動の減少は、2016年5月まで2年余にわたって持続したのである。消費税増税に伴い、国内最終需要が大きく冷え込んだ。この変化を映して生産活動が減少傾向をたどったのである。

その経済停滞の延長上に、2015年後半、中国経済の急激な悪化が広がった。中国の代表的株価指数である上海総合指数は、2015年6月に5178ポイントの史上最高値を記録したが、2015年後半に暴落し、2016年1月には2638ポイントへと急落した。連動して世界経済に悪化圧力が広がった。さらに日本経済に大きな影響を与えたのが、為替レートの急激な円高シフトであった。2015年6月に1ドル=125円であっ

鉱工業生産指数

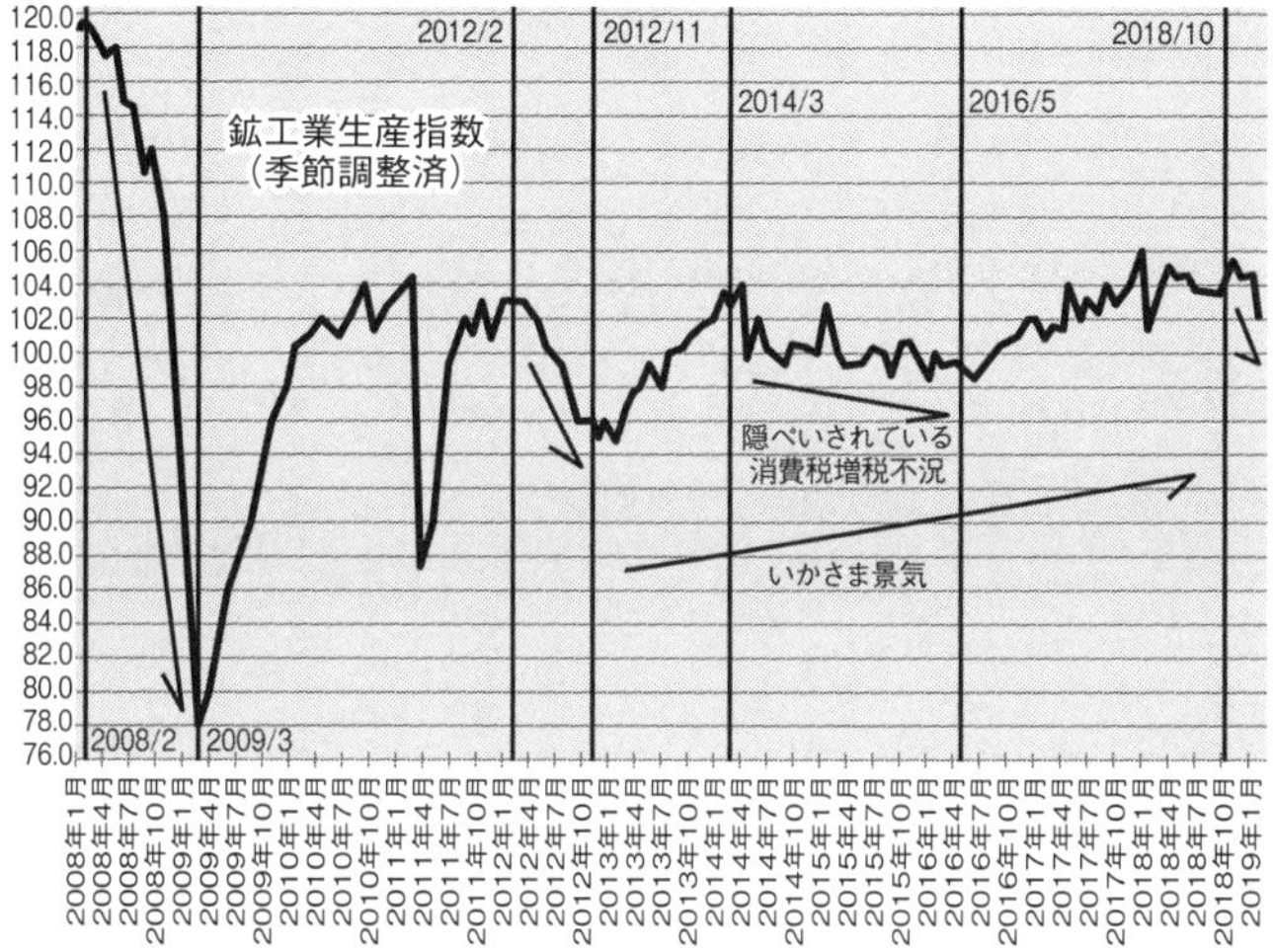

たドル円レートが、２０１６年６月には１ドル＝１００円を割り込んだ。２０１４年の増税政策は日本経済に大きな爪痕を残した。日本経済は２０１４年３月から２０１６年５月までの２年余にわたる景気後退期に突入してしまったのだ。

　第三の矢は成長戦略である。アベノミクスの核心が成長戦略のなかにある。第一の矢と第二の矢は、いわゆる財政金融政策であって、マクロ経済政策である。金融緩和によってインフレを誘導しようとした政策は、政策路線としてそもそも間違っているものであったが、国民にとって不幸中の幸いであったのは、この政策が失敗に終わったことである。２０１

3年春に日銀総裁に就任した黒田東彦氏は、「2年以内に2%のインフレを実現する」と明言したが、実現できなかった。副総裁に就任した岩田規久男氏は、「2年以内に2%のインフレを実現できなければ職を辞して責任を明らかにする」と国会で明言していたが、この公約を実現できぬまま5年間、日銀副総裁の職に居座った。インフレ誘導政策は間違った政策目標であったが、幸いなことにインフレ誘導は実現しなかったのである。

第二のマクロ経済政策である積極的な財政政策運営については、2014年にこれが根本的に覆され、緊縮財政政策が断行され、日本経済は景気後退に陥ってしまった。したがって第一の矢、第二の矢によって表現されるマクロ経済政策は、全体として失敗に終わったと評価せざるを得ない。

第三の矢の成長戦略がアベノミクスの核心である。成長という言葉はプラスの響きを持つために、市民は安倍内閣がよいことをしているとの印象を持ったかもしれない。これもまた安倍首相が得意とする「印象操作」の一環である。成長戦略の柱は、1・農業の自由化、2・医療の自由化、3・労働規制の撤廃、4・法人税減税、5・特区・民営化推進である。この成長戦略の中身である各種の施策が、日本経済の構造を根底から破壊しつつある。

この政策の目的は、グローバルに活動を展開する巨大な資本の利益を極大化させることである。グローバルに活動を展開する巨大な資本とは、ハゲタカ資本のことだ。第三の矢の成長戦略は、「ハゲタカ資本の利益を極大化させること」と表現してよいものである。

この成長戦略こそアベノミクスの核心である。つまり、アベノミクスの根本的な性格は「ハゲタカファースト」ということなのだ。気鋭のジャーナリストである堤未果さんが執筆した著書『日本が売られる』（幻冬舎）がベストセラーになった。安倍内閣は各種の制度変更を推進し、経済特区、国家戦略特区を創設し、多種多様な民営化政策を推進しているが、そのすべてが、グローバルに活動を展開する巨大資本の利益極大化のためのものである。このことを堤さんは「日本が売られる」と表現したのである。

アベノミクスが提唱され始めた頃によく聞かれた言葉に、「トリクルダウン」というものがあった。結婚式の披露宴でシャンパングラスをピラミッドのように積み上げ、てっぺんのグラスにシャンパンを注ぎ込む。グラスから溢れたシャンパンは下の段にしたたり落ちていく。ついにはいちばん下の段のシャンパングラスにもシャンパンが満たされる。これをトリクルダウンと呼ぶ。

アベノミクスは企業の利益を増大させる政策を推進するものだが、企業の利益が増加し、やがては、その利益が末端で働く労働者の懐にも流れ込んでくる。こういうストーリーであった。

ところが現実には、企業の利益が2倍に拡大した一方で、労働者一人当たりの所得は5％も減った。トリクルダウンという仮説は現実のものにならなかった。末端で働く労働者は、実質賃金の大幅減少という憂き目に直面した。労働者は「取り尽くされてダウン」という状況に陥っている。

◎2つの最重要な経済指標から見える日本経済の本当の姿

日本の情報空間を支配しているのはマスメディアである。私たちはマスメディアが伝える情報を鵜呑みにする生活を送っている。このために物事の真実を知ることができず、メディアが誘導する情報によって「印象操作」されてしまっている。

アベノミクスの現実を数字の上で押さえておこう。経済全体を国民の立場から評価する最重要指標が2つある。第一は、実質GDP成長率だ。日本経済が全体としてどれだけ拡大したのか、これを端的に示す最重要指標である。

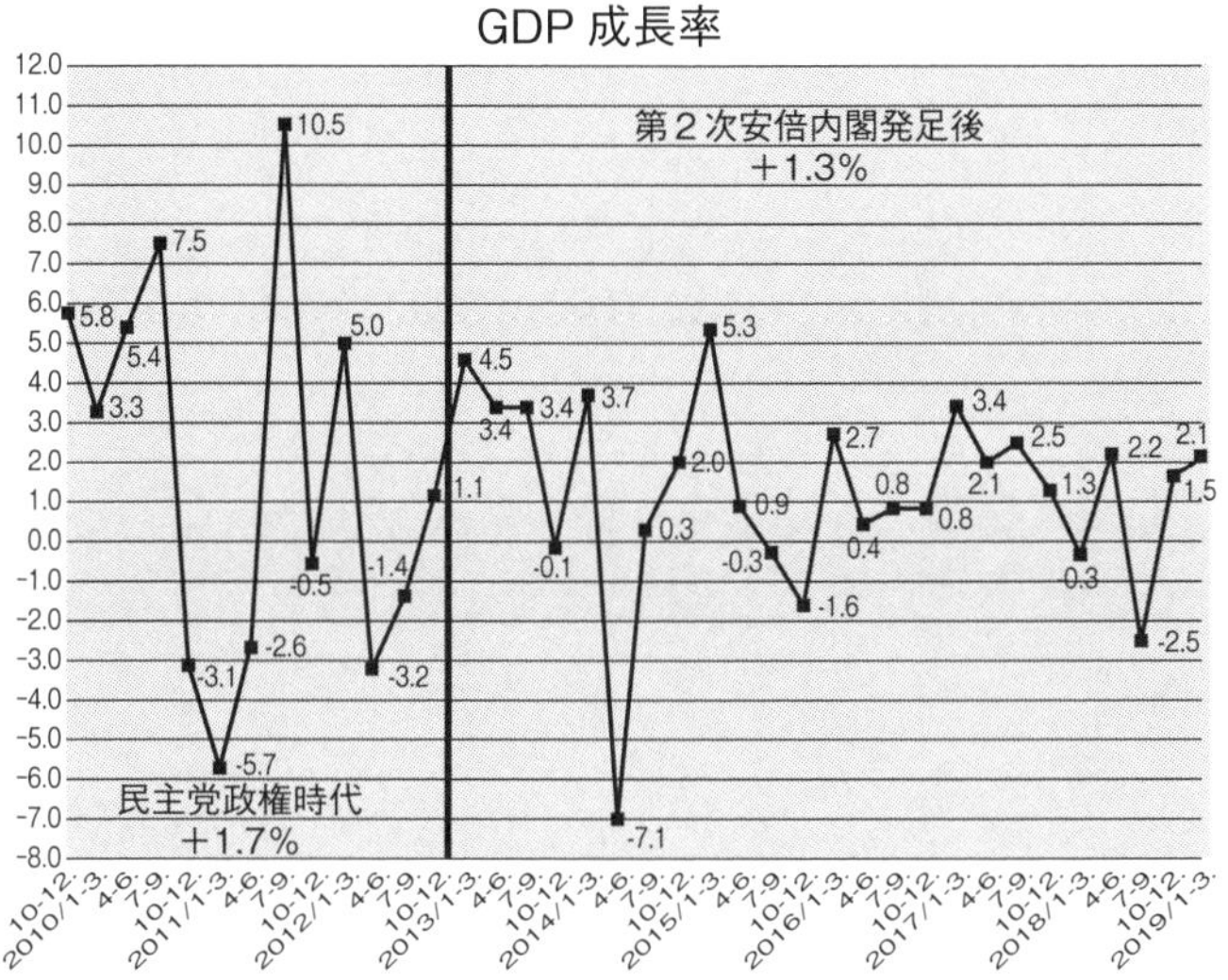

政府は３カ月に一度、ＧＤＰ統計を発表する。その際に実質ＧＤＰの前期比年率成長率が表示される。経済成長のスピードを測る上で、この数字が最重視される。第２次安倍内閣が発足してからの実質ＧＤＰ成長率平均値は、＋１・３％である。日本経済の成長がほぼ止まった状態が続いている。

２００９年から２０１２年に存在した民主党政権時代の実質ＧＤＰ成長率平均値は＋１・７％である。２０１１年３月に東日本大震災が発生した。日本経済は極めて低迷し、経済が暗黒に包まれていた時代である。その民主党政権下の実質ＧＤＰ成長率平均値が＋

1・7％であったのに対し、アベノミクスの下での実質GDP成長率平均値は1・3％にとどまっている。

あのパッとしなかった民主党政権時代よりも第2次安倍内閣発足以後の日本経済のほうが、はるかに劣悪な状況にあることが客観的に示されている。経済全体の推移で評価するならば、安倍内閣の経済政策＝アベノミクスは「不可」とせざるを得ない。

この実績と整合的なのが、既述した鉱工業生産指数の推移だ。鉱工業生産指数の推移から日本経済の山と谷を判定すると、2014年3月から2016年5月にかけての2年余にわたって、日本経済は景気後退期＝不況期にあったことがわかる。これにもかかわらず安倍内閣は、2012年11月から景気拡大が丸6年続いてきたと喧伝してきた。いざなぎ景気の47カ月、いざなみ景気の59カ月を超えて、史上最長の景気拡大が実現していると宣伝してきたのである。景気後退を隠ぺいして、長期の景気拡大を偽造している。「偽造、ねつ造、安倍晋三」という批判が真実味を持って響いてくる。

日本経済は2014年3月から2016年5月にかけて景気後退期を通過しているのであって、2016年5月から2年半程度しか景気の改善は実現していない。しかも、その生産活動が2018年10月をピークに再び景気後退局面に足を踏み入れたと見られている。

安倍内閣は２０１９年になって突然、景気の悪化を示唆し始めた。その理由は２０１９年10月に予定している消費税増税を再び延期することを考え始めたからである。経済の実績についての評価をコロコロ変えるのはやめたほうがいい。経済統計は客観性が何よりも重要である。景気後退を隠ぺいしてきたのに、政治的事情が変化すると、突然、一転して景気悪化を強調し始める。経済統計の改ざんにまで手を染めて、経済統計を政争の具として取り扱っている。これが安倍内閣の現実だ。

他方、２０１２年から２０１９年にかけて目覚ましい改善を示した経済指数がある。それが企業利益だ。法人企業統計において法人企業の税引き前純利益の推移を見ると、企業利益が２０１２年から２０１８年にかけてほぼ倍増したことがわかる。日本経済の成長率が超低迷を続け、労働者の実質賃金が5％減少するなかで、企業の利益はほぼ倍増した。「資本栄えて民滅ぶ」という現実が広がっている。

労働者一人当たりの実質賃金は、記述した通り、第2次安倍内閣発足後に5％も減少した。２００９年から２０１２年の民主党政権時代には、実質賃金指数はほぼ横ばいで推移した。唯一、鳩山内閣の下で２００９年から２０１０年にかけて実質賃金が明確に上昇しているが、このたった1年の例外を除くと、民主党政権時代は実質賃金が横ばいに推移し

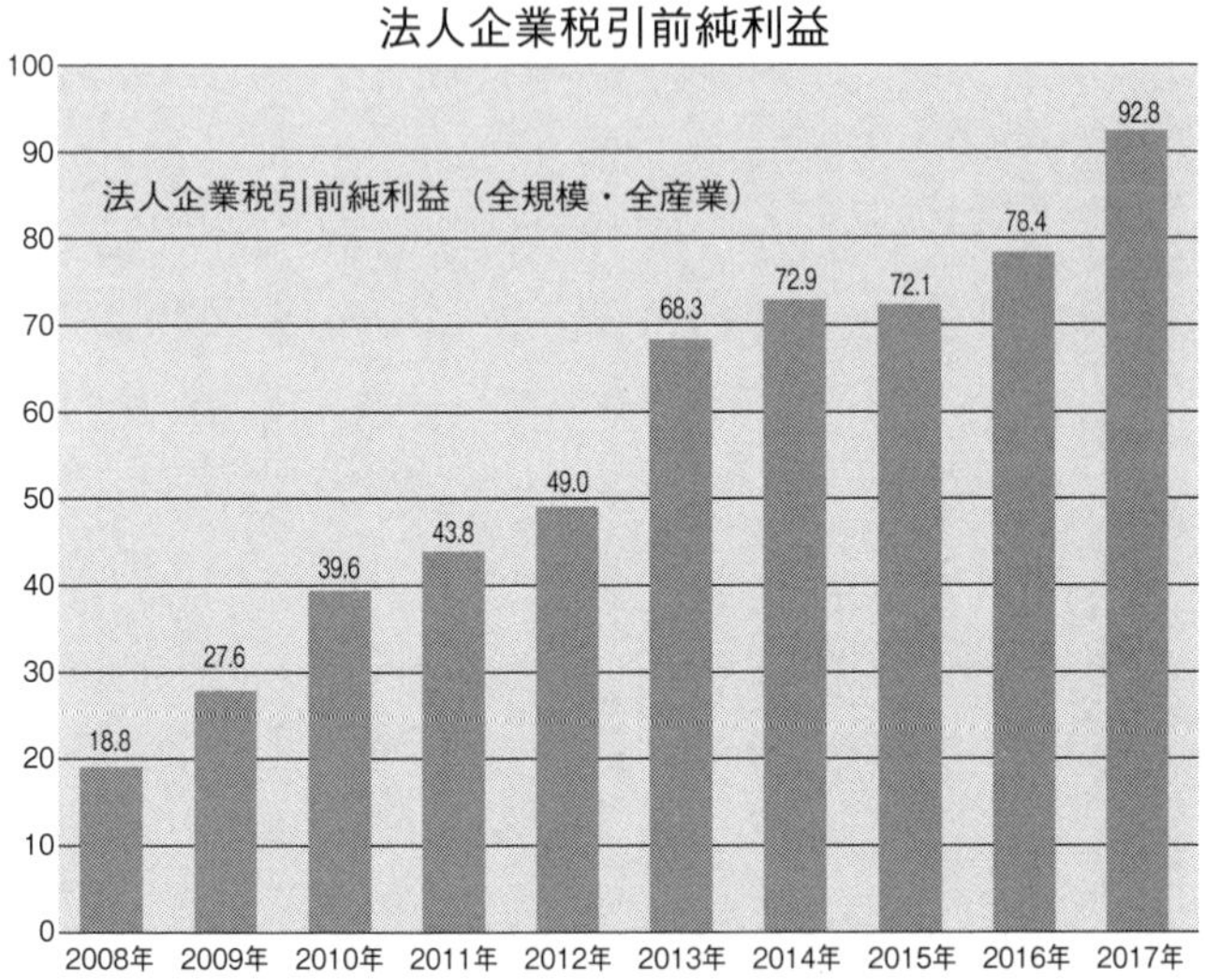

た。

第２次安倍内閣発足以降、労働者一人当たりの実質賃金は減少し続けた。その実質賃金が２０１６年だけ小幅増加した。理由はデフレへの回帰にあった。このことにもすでに触れたが、安倍内閣はインフレ誘導を目標に掲げ、大規模な量的金融緩和政策を実行したが、インフレ誘導に失敗した。２０１６年に日本のインフレ率がマイナスに転じたのだ。

現実には、２０１６年に日本経済はデフレに回帰してしまった。だから、安倍内閣による「デフレ経済から脱却した」とのアピールも虚偽である。インフレ誘導を主導した日銀幹部はインフレ誘導を目標に掲げ、「その実現がなされぬ場合には、職を辞して責任を明らかにする」と明言していたのだが、その実現に失敗したにもかかわらず、責任を明らかにしようとしなかった。

既述したように、政府は２０１８年1月から実質賃金の算出方法を変更した。従来よりも数値が高く表示される方式に変更したのである。このとき、前年比変化率を算出するには、同じ推計方法を用いた前年比のデータを用いなければならない。ところが安倍内閣は、２０１８年の実質賃金の前年比伸び率を計算する際に、高い数値の２０１８年データと低い数値の２０１７年統計数値とを比較したのだ。言うまでもなく前年比伸び率が高く表示される。あまりにも不自然な高い数値が発表されたため、専門家から疑義が示され、この悪質な数値偽装工作が明るみに出たのだ。

２０１８年の正しい実質賃金伸び率を得るには、同じ統計手法を用いた前年数値と比較する必要がある。国会で野党がこの数値発表を求めたが、安倍内閣はいまだにその要求に応えていない。異なるベースで算出した数値を比較して、虚偽の実質賃金増加というデータを発表している。統計数値の偽装までして国民を欺く。拙著『国家はいつも嘘をつく』（祥伝社新書）に詳述した通り、安倍内閣の嘘は底なし沼の様相を示している。

3つの政治哲学から、望ましい社会像を考える

◎GDPの4分の1という巨額を差配しているのが政治である

政治の役割とは何であるか。日本国憲法は前文に、日本政治の基本構造を示している。一部を抜粋して示す。

「日本国民は、正当に選挙された国会における代表者を通じて行動し、（中略）主権が国民に存することを宣言し、この憲法を確定する。（中略）そもそも国政は、国民の厳粛な信託によるものであつて、その権威は国民に由来し、その権力は国民の代表者がこれを行使し、その福利は国民がこれを享受する。」

このように表現されている。

議会制民主主義の制度を採用し、国民主権の下に政治が行われることが宣言されている。私たちは選挙で代表者を選ぶ。その代表者が国権の最高機関である国会で活動し、重要な

意思決定を行う。国政に関する重要な意思決定を行う場が、立法機関、国会である。日本国憲法はこの国会に「国権の最高機関」という地位を付与している。

この国会でどのようなことが決められるのか。国会が決める重要なものが2つある。各種の法律と予算である。私たちは国会に代表者を送り、その代表者が国会において法律や予算を決定する。国会における多数勢力が内閣をつくる。国会で決定した事項を執行するのが行政である。行政権は内閣に属し、内閣が行政を執行する。政治の役割とは、エッセンスを取り出して表現すれば、国会において法律と予算を決定して、それを執行することである。

私たちの日々の生活に深く関わる部分で、国家権力あるいは地方自治体が行政を行うが、その行為はすべて各種多様な法律によって裏付けられており、この行政機関を通じるお金の流れは、国会や地方自治体の議会で決定される予算によって裏付けられている。

行政権力には人々から税金を徴収する権限がある。また行政権力は警察権力を保持し、人々の身体的な自由を奪う権力も保持している。しかし、その執行を裏付ける根拠としての法律は、すべて私たちの代表者によって構成される国会において正当に決定されたものでなければならない。このような仕組みによって政治は動いている。

経済政策は、このなかにおける、とりわけ予算の決定と執行に関わる面が大きい。法律が経済活動に影響を与える部分も当然ある。法律の制定と予算の決定、そしてその法律と予算の執行というのが政治の機能そのものだと言って過言でない。

予算に焦点を当てると、その規模の大きさに驚かされる。日本の中央政府、国の歳出純計は、1年当たりで238・9兆円の規模である（2018年度）。これは国の一般会計と特別会計を合わせ、重複分を差し引いたものである。つまり日本の国家から1年間に238・9兆円ものお金が流れ出ているのだ。日本のGDPの規模は現在約550兆円、その2分の1弱の規模の資金が国家から流れ出ている。

ただし、この239兆円の資金のなかに国債費87・8兆円、財政投融資12・6兆円が含まれている。政府は国債を発行して資金を調達し、国債の保有者に利払いを行っている。これらは資金の借り入れおよびその金利支払いであり、生産活動に影響を与える、いわゆる最終需要にはならない資金である。財政投融資も資金の融通に関わる資金の流れである。これを除いた政府支出の規模は138・5兆円。日本のGDPのちょうど4分の1に相当する。

1億2000万人の国民が1年間に生み出す付加価値の合計が550兆円であるのに対

し、極めて少ない官僚や政治家が決定して執行するお金がＧＤＰの４分の１にも匹敵する規模なのだ。

その１４０兆円の資金の内訳は、社会保障関係費が約90兆円、政策関係の支出が約30兆円、国から地方への資金移転、すなわち地方交付税交付金が約20兆円という構成になっている。この巨大な資金が政治の決定によって流れている。この予算の中身を組み換えれば、私たちの生活に極めて大きな影響が生じる。

これらの政府支出の資金源は、基本的には税金である。近年においては毎年の支出の財源をすべて税金で賄うことができずに、借金に頼っている部分がある。しかし、一般会計でいえば財源の中心は税金であり、社会保障関係の支出においては、財源のかなりの部分が私たちが毎月支払っている社会保険料である。社会保険料とは年金保険料であり、健康保険料である。

政治に無関心ではいられても、政治に無関係ではいられない。しかも、その政治が私たちに与える影響は、経済的にみてとてつもなく膨大なものなのだ。ＧＤＰの４分の１にも匹敵するような資金が国家から私たちの手元に流れ出ている。その流れを狡猾につかみ取って、巨大な恩恵にあずかる人もいれば、政治の活動にまったく無関係で、ほとんど何も恩恵を受けない人もいる。

しかし、恩恵を受けない人であっても、税金だけはきっちりと取り立てられる。私たちは、財政活動の規模を知っておく必要がある。その資金量は半端なものでなく、国家経済の4分の1を占めるとてつもなく大きなものなのである。

◎市場原理にすべてを委ねるリバータリアニズム

政治活動、とりわけ財政活動を執り行うに際して、いくつかの基軸となる考え方、理念がある。それが政治哲学である。米国のハーバード大学のマイケル・サンデル教授による『正義論』の講義が多くの人に知られるようになったが、サンデル教授が整理したように、政治哲学にはいくつかの類型があり、私たちはその政治哲学の考え方を踏まえて、私たちの国の政治のあり方を決める必要がある。

しかしながら、政治哲学という学問上の分類が先に存在して、その類型のなかから主権者が政治のあり方を選択するのではなく、主権者が確立する政治のあり方を学者が整理して、政治哲学のいくつかの類型として提示しているのである。主客を間違えぬようにしなければならないが、学者による政治哲学の類型を知ることは、主権者が自らの判断を形成する際に有用である。学問としての政治哲学を主権者は利用、活用することができる。

政治のあり方に関する主張に３つの立場がある。リバータリアニズム、リベラリズム、コミュニタリアニズムの３つだ。これらをわけ隔てることになる尺度は、自由、福祉、美徳の３つである。

リバータリアニズムは米国で信奉者の多い考え方である。基本的に政府は市民の経済活動に介入するべきではないとする考え方である。税金の徴収を財産権の侵害であると考える。個人が自由な経済活動の結果として獲得した所得、財産に対して、公権力は強制力をもってその資金を奪い取る。これが徴税であり、徴税権である。政府は経済活動に介入すべきでなく、経済活動の結果として優勝劣敗が生じ、格差が生じるとしても、その結果に対しても政府は介入するべきでない。自由主義を強く重んじる考え方である。

アベノミクスが拠って立つ政治哲学の原理は、基本的にこのリバータリアニズムと言ってよいだろう。かつて日本は「一億総中流」と呼ばれた。大会社の社長でも法外に多額の報酬を得ない。末端の平社員でもそこそこの生活を営める所得を得る。自分は中間層に所属しているという認識を持つ国民が圧倒的に多い時代が続いた。

ところが1990年代以降、とりわけ小泉純一郎政権が発足した2000年代に入って以降、日本で急激に自由主義の色彩が強い経済政策が推進されるようになった。市場原理を基軸に据える経済政策という意味で、「市場原理主義」という言葉が用いられた。自由主義をベースに置く格差容認の経済政策として、「新自由主義」という言葉も用いられてきた。

この立場に立つならば、社会保障政策は基本的に圧縮するべき対象となる。各種社会保険においては、それぞれの個人の自己の責任において、将来の支出に備えるべきとの考え方が置かれる。米国における社会保障制度は基本的に自助努力がベースに置かれ、高齢期の生活を支える年金や、病気になった際に発生する医療費に対する備えは、各個人がそれぞれ個人の判断で民間の保険機能を有する金融資産を購入することによって確保される。民間金融会社が提供する年金金融資産購入、民間保険会社が提供する民間医療保険商品を購入することによって、年金や保険医療の機能が存立している。

すべての国民をカバーする公的年金や公的医療保険が存在せず、いわゆる無保険状態に置かれる国民が多数存在する。病院は保険を保持していない患者を受け付けない。このため、医療費が極めて高価である米国においては、病気になっても医療を受けられない医療難民が大規模に発生している。しかしながら、自己責任、自助努力をベースにする社会においては、そのような厳しい現実による帰結も自己の責任とみなされる。

問題は、貧富の格差は、放っておけば時間の経過とともに拡大する傾向を持ち、かつ不可逆的な側面を強く持つことである。また、私有財産の不可侵性、自分が稼いだ所得や富に対して政府はいっさい手を出すなとの主張は、本人が生きている限りの、一代限りのものでなく、多世代にわたる主張である。子孫に莫大な財産を遺せば、その子孫は生まれながらにして億万長者の生活を保障される。富は自己増殖し、拡大の一途をたどることも多い。

所得が乏しく、富をまったく保有しない家系に生まれた個人は、生活環境も劣悪で、十分な教育を受ける機会も得ない。その結果として貧困状態から抜け出せぬ状況が生まれる。貧富の格差は拡大し、階層格差が固定化される。

◎弱者に対する手当を志向するリベラリズム

このような現実が広がるなかで、その状況を放置してよいのかという主張が生まれてくる。この視点に立って提示されている主張が、リベラリズムだ。リベラリズムの泰斗《たいと》であるロールズは、「無知のベール」という前提を置く。誰しも自分が生まれる際に富裕層の家系に生まれるか、貧困層の家系に生まれるかを事前には知り得ない。生まれて初めて自己の拠って立つ基盤を知る。富裕層に生まれれば、生まれながらにして圧倒的な優位性を保持する。他方、貧困層に生まれれば、生まれながらにして極めて不利な競争条件下に置かれ続けることになる。

この不条理、理不尽さを踏まえたときに、その不条理を緩和する施策として弱者に対する手当というものが必要だと考えるのが妥当であると判断する。この手当を実現するためには財源が必要である。その財源は相対的に力の強い者に求めるほかなくなる。富裕層から多くの資金を調達し、その資金を経済的弱者の水準引き上げのために活用するのである。

20世紀に入り、現代民主主義社会の基本的人権のひとつに位置づけられた生存権は、「人は生まれながらにして健康で文化的な生活を営む権利を有する」との考え方であり、この基本権を保障する責務を国家に与えた。日本国憲法においても、第25条に生存権の規定があり、侵すことのできない永久の権利としてこの基本的人権を位置づけ、その基本的人権を尊重するために、いわゆる所得再分配政策が実行されている。

日本国憲法は、「健康で文化的な最低限度の生活を営む権利を有する」と定めており、そのために例えば生活保護政策や、あるいは障がい者に対する福祉政策が創設されている。

しかし、近年の日本では、こうした生存権を保障するための施策に対する批判が強まっている。実際にどれだけの国民がこうした施策に反対しているのかは定かではない。人々の認識を誘導するマスメディアが、意図して特定の情報を流布している可能性を否定できない。

多くの人が汗水たらして働き、しかも極めて苦しい生活を送っているときに、一部の国民が働くこともせず、国家から生活資金を得ることを許せない。生活保護には不正受給が混在している。このような議論が、ことさらに大きく喧伝されている。地方自治体の職員が生活保護受給者を糾弾するジャンパーをまとい、活動していたことも報じられた。近年の日本においてはリベラリズムを否定し、リバータリアニズムを賛美する言論が盛んになっている。

しかしながら、ここで見落としてならないことは、日本の国家財政が実質的な支出において１３９兆円という規模を保持していることだ。その１３９兆円の政府支出の最大費目は社会保障関係費であり、90兆円の規模だ。しかし、この90兆円の社会保障支出の大半は、年金、医療費、介護費用である。高齢者が受給することの多い年金と医療費と介護が社会保障支出の大宗を占めている。日本の場合、生活保護や若年層に対する支出、とりわけ教育支出に対する支援、あるいは失業者に対する支出は、金額においてもGDP比においても、国際比較上、突出して低いものになっている。

私たちは、日本の社会をどのような方向に向かわせるべきなのか。日本政治の基本方向を定めなければならない。それは、政治と財政の役割をどのように位置づけるのかという問題であり、このことをわかりやすく整理して考察する上で、政治哲学上の分類を知ることが極めて有益になる。リバータリアニズムとリベラリズムという、異なる立場の利害対立に基づいて政治のあり方を定める考え方から一歩距離を置いて、あるべき政治のあり方を追求するのがコミュニタリアニズムの立場である。

◎3つの政治哲学を並存させた社会が求められている

リベラリズムに対するコミュニタリアニズムからの批判は、リベラリズムが階層間対立をベースにしているというものである。リベラリズムの考え方に基づく財政運営は、要約していえば富裕層に相対的に大きな負担を求め、その資金を相対的に貧困な階層に移転させるというものである。相対的に貧困な階層にとっては歓迎すべき施策であるが、逆に相対的な富裕層にとっては極めて負担の大きい、そして不満の大きい施策となる。こうなると、富裕層と貧困層がそれぞれ自己の利害によって対立する。問題解決を多数決原理に委ねるということになれば、数の上で勝る相対的に貧困な階層が勝利を収めることになり、多数による少数の抑圧による対立は残存し続けることになる。

コミュニタリアニズムの発想の原点は、こうした自己利害に基づく対立の図式で問題解決を図るよりも、すべての社会の構成員が一致し得る善悪の基準で共通の解を見出すべきである、という姿勢である。すべての個人が共有し得る共通善を見出し、その共通善に従って着地点を見出すべきであるとの姿勢だ。

政治が理想的な人材によって担われ、良識、見識、知識を兼ね備えた政治家が選出され、国会において建設的で健全な議論が行われるのであれば、おそらくこのコミュニタリアニズムが目指す問題解決が最善ということになるだろう。共通善を見出し、議論を重ねて、すべての構成員が納得し得る解を見出す。これが美徳を重視した政治のあり方ということになる。

これが理想的な政治のあり方、財政運営のあり方であることを、筆者は否定しない。しかし、その実現可能性を想定するときに、現在の日本においては絶望的にならざるを得ない。共通善を見出すとの建前を掲げて、結局のところは、国会における多数勢力が自己の利益を追求する施策を遂行する可能性が高い。

現代日本が直面している最大の問題は、貧富の格差の際限のない拡大である。かつて一億総中流と言われた日本社会に新しい貧困問題が発生している。フルタイムで働いているのに年収が200万円に届かない、いわゆるワーキングプアと呼ばれる階層に属する人々が1100万人を超えている。

「頑張った人が報われる社会」という言葉はきれいであるが、この言葉は現実によって否定されている。頑張っていないのに策謀を巡らせて不当な巨大利得にありつくシロアリやハイエナが存在する一方で、汗水流して働いているのに最低限の豊かな生活さえ営むことのできない、過労死寸前の誠実な働きアリが多数存在している。それが現代日本経済の実相である。

この実相を踏まえたときに、筆者は日本政治の基本原理に、リベラリズムの考え方を明確に据えるべきであると考える。自由、福祉、美徳、この3つの基準はいずれも極めて重要な基準である。その3つを並存させることが必要である。美徳に基づく共通善をベースにした政治が営まれることは理想だが、その実現可能性が現段階では見えない。そうなると、必然的に、自由を基軸とするリバータリアニズムを基礎に置く政治運営を行うのか、リベラリズムを基礎に置く政治運営を行うのかを選択せざるを得なくなる。

筆者は、すべての人に保障する最低水準を引き上げることを目指すリベラリズムを基本に置くべきであると考えるが、その一方で自由な経済活動を行う意欲を残存させる構造を残しておくべきであると考える。達成した成果とは無関係に、すべての国民にまったく平等な報酬を与える社会では、インセンティブが失われる。自由な経済活動を認めることが社会の活力を生み出す源泉であるとの主張に、一定の理はある。

しかしながら、市場原理だけにすべてを委ねれば、階層は固定化され、弱者の生存が脅かされることになる。人間として幸福な生活を送るための基礎的条件が破壊されることになる。その部分に焦点を当てて経済政策を考えるべきである。

この視点に立つならば、アベノミクスの経済運営には大きな問題がある。アベノミクスにはリバータリアニズムの発想に基づく、弱者の生存を許さない、弱者を抹殺するメカニズムが内包されている。この政策を遂行する未来に、国民の安泰な生活は描きようがない。

「よい小さな政府」と「悪い小さな政府」を区別する

◎多くの人の心に響く「小さな政府」という魔法の言葉

私たちはどのような政治を目指すのか。政治哲学の類型として、リバータリアニズム、リベラリズム、コミュニタリアニズムの3つを紹介した。自由を基軸に据えるのか、福祉を基軸に据えるのか、それとも美徳を基軸に据えるのか、それぞれに意味はあり、それぞれに問題点もある。

美徳に基づく政治が実現するならば、それは理想であるだろうが、「美徳」という言葉は主観に依存するものであり、すべての者が一致できる美徳を見出すことは容易でない。それを「共通善」、あるいは「最高善」という言葉で表現するが、現実には多くの利己的な人々が政治の実権を握ろうと闘争を重ね、政治の実権を握った人々が自己の利益を実現するために政治を利用してしまう現実が存在する。自分に都合のよいことがらを「最高善」、「共通善」と表現して、「今だけ、金だけ、自分だけ」の政治を行うことは火を見るより明らかだ。この限界を私たちは踏まえなければならない。

リバータリアニズムに基づく自由放任（レッセフェール）の経済政策は、単純明快でわかりやすく、自然界の法則である弱肉強食の原理に見合うものでもある。しかし、自然界における弱肉強食と人間界における弱肉強食には決定的な差がある。自然界の弱肉強食において、強者は必要以上の殺戮を行わない。百獣の王ライオンは無敵の存在であるかもしれぬが、必要以上の殺戮を行う存在ではない。

しかしながら人間界においては、富の蓄積を求める大資本は、あくなき利益追求の存在である。たとえ多数の人間が死に追い込まれようとも、それを容認し、自己の際限のない富の蓄積を追求する。全体の資源量、富の存在量が有限である限り、少数の強者が無限に富と所得を追い求めれば、残余の人々に付与されるパイは縮小する。その結果として多くの人々が生存できない状況に追い込まれることも考えられる。

すべての人に、一定水準の豊かさを感じられる生活水準を保障すること。そのために力の大きい構成員に負担を求めること。これがリベラリズムの基本手法であるが、この基本手法を実現し、すべての社会の構成員が笑顔で生きていける社会を実現することを目指すべきであると考える。

リバータリアニズムの信奉者は、政府の経済への介入を嫌う。彼らが常套句とする言葉は「小さな政府」である。「小さな政府」は、「安価な政府」に通じるものである。税負担にあえぐ市民に、強い心地よさを付与するものだ。日本において、市場原理主義と呼ばれる考え方を前面に掲げる政治勢力が拡大している。生活保護の不正受給などのニュースがことさらに大きく報じられるなかで、「意味のない弱者救済をやめるべきである」、「政府の効率を高め、『小さな政府』をつくるべきだ」の主張は人気を集めやすい。

こうした提言が示されると、多くの市民の心が動かされる。私たちは常に言葉の問題に目を配らなければならない。ある物事を遂行しようとするときに、どのような言葉を用いるのかによって、その実現への道のりが容易にも、あるいは困難にもなり得る。私たちは言葉の問題に感覚を研ぎ澄ます必要がある。

「小さな政府」の言葉は、人の心を打つ側面を持つ。2001年に発足した小泉純一郎政権は、「民でできることは民に」と叫んだ。同時に「改革なくして成長なし」と叫んだ。ここで用いられた「改革」という言葉も、一種の魔法の言葉である。改革という言葉に具体的な内容は含まれていない。変えることが改革であるが、改革と表現するだけで、よい方向に物事が変化するとの印象が与えられる。これも一種の「印象操作」である。

安倍内閣が猛烈な勢いで推進している民営化も、「小さな政府」をつくる政策の一環であると説明される。「改革」や「小さな政府」は、錦の御旗の役割を果たしている。しかしながら小さな政府の具体的施策を詳細に検証すると、「小さな政府」という言葉で表される具体的施策は多岐にわたっていることがわかる。筆者の判断でも、小さな政府を目指す政策のなかに、正しいと判断できるもの、私たちが推進していかなければならない施策がある一方で、「小さな政府」という美名によって推進がされるが、実は私たち主権者にとって有害無益と考えられるものが多く存在している。「小さな政府」という言葉で安易に括ってしまわずに、小さな政府の中身を吟味する作業が必要不可欠である。

◎「小さな政府」3つの類型

筆者は、小さな政府を3つの類型に分けて考えるべきだと提唱している。小さな政府という言葉で示される具体的施策に、実は3つの類型がある。同じ「小さな政府」と表現される施策でも、進めることが望ましいものもあれば、進めるべきではないものがある。これを明確に区分し、具体策を明らかにして問題を考察するべきだ。

3つの類型とは、1・民営化＝営利化の言葉で括られる施策、2・社会保障支出の排除、あるいは圧縮、3・利権支出の排除である。筆者は、利権支出の排除の意味における小さな政府に賛成である。これが財政構造改革の本丸である。

139兆円の国家からの財政支出がある。そのうちの90兆円が社会保障関係の支出、30兆円が各種政策支出、20兆円が地方交付税、地方公共団体への交付金である。つまり社会保障以外に国家からの政策支出が50兆円存在している。この50兆円の政府支出のなかに含まれる利権支出を排除すること、これが日本の財政構造改革の究極の課題である。この利権支出を排除する意味での小さな政府、政策は、大いに推進すべきである。

しかし、現実にはこれ以外の小さな政府施策が前面に掲げられている。第一は民営化、すなわち営利化の施策である。「民でできることは民に」という言葉は心に響く。しかし、民でできることはすべて民にやらせるという考えは間違いである。民でできることであっても、公が担うべき仕事がある。公が担う仕事と民が担う仕事を明確に分ける。そして民が担うべきである仕事を民に委ねるのが正しい対応である。

ところがいま、現実に推進されている政策は、公が担うべきであるものを無理やり民の仕事に移行させているというものだ。「民でできることは民に」と表現すると、よいことを推進しているという印象が付与される。さらに、この民営化政策を「小さな政府」を目指す政策と表現してしまうことにより、民営化政策が正義の政策として独り歩きをしてしまうのだ。

特定の事業が民間に委ねられず、公の管理の下に置かれてきたのには理由がある。理由もなく公が民間から仕事を奪い、公の仕事としてきたわけではない。現在、大きなテーマとして論議の対象になっているのが水道民営化である。私たちの生存にとって水は欠くことのできない貴重な資源である。日本では「湯水のように使う」という表現を、使いたい放題に使う意味で用いるが、水の乏しい中東諸国などでは、「湯水のように使う」という言葉が、貴重なものを一滴も無駄にせず大切に使うという意味になる。

日本は極めて優れた水資源に恵まれている。そして、水なくして私たちは生きることができない。水道事業は大規模な事業になり、利用者が増大すればするほど事業採算は改善する。こうした収穫逓増の事業においては、必然的に供給業者が一社独占の形態になる。こうした独占形態にならざるを得ない事業であり、かつ、生活必需品を供給する事業・サービスにおいては、公的な管理が必要だと判断されてきた。

営利企業と非営利の公営企業の違いは、営利を追求するか否かにある。公営企業は営利を追求する事業主にならない。非営利団体なのである。これに対し民間の営利企業の究極の目的は利益の獲得である。営利を追求することが民間事業者＝民間企業の行動の根本的動機である。独占形態の事業を、営利を追求する民間営利企業が担うことになれば、価格を吊り上げて利潤を拡大しようとするだろう。その結果、利用者は不当に高い水道代金を支払わなければならなくなる。

このために、この事業を公の管理の下に置く。公営企業は営利を追求せず、製造原価で水道サービスを利用者に提供する。営利と非営利の相違は、販売価格に利益が上乗せされるかどうかに表れる。非営利企業は利益を得ない分だけ安価に商品やサービスを利用者に提供できる。そして、公的管理下に置かれることにより、事業の継続性が確保される。民間の営利企業が事業を行う場合、その事業者が突然事業を終了してしまうと、利用者はサービスを受けられなくなる。

◎「民でできることは民に」ではなく「民がやるべきことは民に」

問題とされるのは、公営企業が事業を営むと、経営努力を注がず、事業の効率が悪化するという懸念である。たしかに、経営努力を注がぬとも事業が永続し、事業環境が安泰であるために、サービスの改善や、事業効率を引き上げるための努力が注がれにくくなるリスクは存在する。このために、公営企業による事業の非効率、生産性低下を回避するために、事業を民間に委ねるべきとの主張が唱えられてきた。しかし、他方において、民間の営利企業は利潤拡大を究極の目標にするのであり、その利潤は必ず販売価格に転嫁される。したがって、同じ事業効率で事業が営まれる限りは、その利潤分だけは、必ず民間事業者の提供する価格が高くなる。

非営利の公営企業に事業を委ねるメリットは、利益相当分の価格引き下げを実現できることにある。問題は、公営企業が事業の効率性を高める努力を行わないのではないかとの危惧にある。この点について工夫の余地がないのかどうかを検討することが重要なのだ。

公営企業の事業運営について、主権者である市民が経営状況、経営努力、サービス向上に向けての取り組みについて監視し、指導、助言する体制を創設するなら、事業を公的管理下に置く際の問題を解決できる。これがベストな解法になる。

また、公営企業、あるいは、公営企業を抱える自治体の財務状況が悪化し、老朽化した水道設備の更新が困難になっているとの指摘があるが、この問題は、民間営利企業に委託して解決するものではない。採算ベースに乗らない事業なら、民間営利企業が事業を委託されても設備を更新することはできないだろう。

重要なことは、規模のメリットを活かすことである。水道事業は地方自治体によって運営されているが、運営主体の活動エリアが狭い地域に限定されていれば、規模のメリットを活かすことができない。したがって、小規模な事業を行っている地方公共団体においては、他の地方公共団体との連携を模索する必要がある。地方公共団体の広域連合を形成し、そこで水道事業を一括管理すればよいのである。

老朽化した設備を更新するためには、債券を発行すればよい。債券発行残高は公営企業あるいは地方自治体の債務になるが、債務残高に見合う資産が形成されるのであれば、この債務は不健全な債務にはならない。国の場合、財政法第4条が国の借金、国債発行を認めている。財政法は各種インフラ整備等に関しては、インフラ整備に係る費用規模を国債発行対象経費と定め、この範囲内において国債発行を正当な資金調達であると認めている。

道路や建造物の建設にかかる費用は国債発行対象経費となり、国債発行による資金調達を正当な財源調達方法として認めているのだ。国の借金にはなるが、借金に見合う資産が形成されるため、不健全な債務ではないとしているのが財政法第４条の考え方である。

水道事業を営むためのインフラ整備の資金調達を、地方債の発行、公営企業債券の発行という方法で行うことは、財政の健全性の原則に反しない。さらに言えば、一般に民間企業の資金調達コストよりも地方公共団体の資金調達コストが低い。公共性が高い、独占事業になりやすい、生活上必要不可欠である、という特性を持つ水道事業は、公的管理下に置くことに、合理性がある。しかも、地方公共団体は民間営利企業よりも低い金利で資金を調達できる。このメリットを生かして、財政の健全性を損なわずに債券発行により、必要な基本インフラを整備することができる。この水道事業を民間営利企業に委託する正当な理由は存在しない。

それにもかかわらず民営化が推進されるのは、絶対に潰れない事業、うまみのある事業の利権を獲得することを民間営利企業が求めているからだ。これを政治家や行政に関与する学者などが推進しているのは、利権を得る民間営利企業と彼らの間に癒着関係があるからとしか考えられない。

民営化事業の権利を獲得しようとする民間資本の多くはいわゆるハゲタカ資本であるが、政治家や行政に関与する学者と称する者が民営化を熱烈推進するのは、利権を獲得する資本の側から、利益のキックバックが提供されるからであると考えられる。

見返りの提供方法には多種多様な手法があり、ハゲタカ資本は法律上の犯罪行為とならない合法的な手法を用いて、利益を供与するため、利権指向の政治家や学者と称するエージェントが跳梁跋扈《ちょうりょうばっこ》して、民営化が熱烈に推進されているのである。

「民でできることは民に」は正しい政策方針でない。「民がやるべきことは民に」が正しい判断である。これは裏を返せば「公がやるべきことは公に」ということになるのであって、「公がやるべきことまで民に」という現在の政策路線は大いなる誤りである。

◎利権支出の排除、社会保障支出の拡充こそ財政構造改革の目標

第二の小さな政府の類型は、社会保障支出の排除である。米国を源流とするリバータリアニズムの考え方は、すべての個人が自己の経済行動に責任を持つというものであり、民間の自由な経済活動の結果に政府は介入をしないことを是とする。したがって、生活保護

を政府が行うべきでなく、生活保護のために高額所得者、富裕者から私有財産を強奪することを認めない。老後に蓄えがなく、民間の医療保険に加盟もせず、そのために病気に苦しんでも、治療を受けられない個人が存在するとしても、それはその個人の責任であると考える。政府は民間の経済活動に口出しをするべきではないのである。

２００５年にアメリカの南東部をハリケーン「カトリーナ」が襲い、ニューオーリンズなどで甚大な被害が発生した際、物資が不足する状況に目をつけて生活物資の価格を吊り上げる「便乗値上げ」が横行した。他人が不幸に置かれている状況につけ込んだ便乗値上げの行動は、道徳的に許されるべきことなのか。

リバータリアニズムはこのことについて「すべての行為は正当なものである」とする。価格が高騰すれば利潤が拡大し、必要不可欠な財やサービスに対する提供者が急増する。そのことによって市場メカニズムを通じて社会が求める必要な財やサービスの提供が加速され、やがては価格が下落する。社会が必要とする財やサービスが、市場メカニズムを通じて「迅速に」供給されるようになる。こう主張する。

これに対し、福祉や美徳を重んじる立場の人々からは反論が生じる。不当に高い価格を設定することを規制する法律を整備し、相手の弱みにつけ込むあこぎなビジネスを排除するべきである。いずれの主張にもそれぞれの根拠が存在する。したがって数学の解答のように模範解答がただひと通りに決まるというものではない。何を重視するのかという立場によって解が異なってくるわけだ。

市場原理が人々の行動を誘導し、結果的には最適な資源配分を実現するのだから、政府が経済活動に介入して再分配を行うという社会保障の制度を構築する必要はない。経済力のある者から強制的に財産を奪うことは財産権の侵害であり、認めるわけにはいかない。結果における不平等は、それぞれの個人の行動の結果であって、その結果に対して個人は責任を持つべきである。社会保障制度そのものが不必要な存在である。これが、リバータリアニズムの視点からの主張になる。

しかし、経済活動の結果に対して政府が一切の介入を行わないならば、社会における経済的な弱者の生活は著しく不安定なものになる。貧しきがゆえに病気になっても医療を受けられない。生活に困窮し、生存することさえままならない。とりわけハンディキャップを負っている人々の生存の困難さは格段に増大することになる。

究極の自由主義の考えに立てば、障がいを持って生まれたこと自体も自然の法則の一部であり、そのことに対し、政府は介入すべきではないということになる。極めて冷酷無比なスタンスということになるが、２０００年以降の日本の経済政策運営においては、この考え方が極めて強く強調されてきた感が強い。社会保障圧縮、社会保障切り捨てという意味での「小さな政府」路線が追求されてきたと言える。

ところが、極めて不可解に思われるのは、公的事業の営業権、独占事業の利権を民間に供与する意味での小さな政府に賛同し、同時に、社会保障を切り込むという意味の小さな政府に賛同する者が、政府の利権支出を切り込むという意味の小さな政府には、強く反対するケースが非常に多いことだ。政府と特殊な関係を構築し、政府支出を特定の利害関係者に恣意的に支出する、いわゆる利権支出を切り込むことに、彼らは同意しないことが多い。

小さな政府の3つの類型を掲げたが、現在の日本で推進されている小さな政府は、1と2の意味での小さな政府政策である。民営化という名の下に公的事業を営利企業が営む事業に転換し、営利利権を民間資本に供与する。他方で、政府の社会保障支出の機能を切り込む。社会保障はいらないという意味での小さな政府が推進されている。しかしながら第三の類型である政府の裁量支出、つまり利権をもたらす支出について、これを排除するという動きはまったく見られていない。「小さな政府」というひとつの言葉で括られてしまうが、「小さな政府」の3つの類型はまったく異なる意味を持つものなのだ。

財政運営を司る財務省の基本戦略は、社会保障を切り込み、利権支出を拡大させるというものである。財源調達においては、消費税の増税だけに注力し、一方で法人税減税と金持ち優偶税制については、これを温存し、拡大する路線が示されてきた。財政再建のための消費税増税、社会保障制度拡充のための消費税増税という表向きのきれいごとに多くの人が騙されてしまっているが、ここに真実は存在しない。

日本の本当の意味の財政構造改革とは、利権をもたらす裁量支出を切り込むことである。裁量財政を排除し、社会保障支出を拡充すること、「裁量財政」から「プログラム財政」への転換、これが財政構造改革の最大の目標である。

小さな政府の類型が3つあり、3つの施策はまったく異なるものであること、どの類型の小さな政府を目指すのかによって、得られる結果が真逆になることをしっかり把握しておかなければならない。

日本政治を刷新する5つの方策

◎政治権力と結びついて私腹を肥やす21世紀の政商の存在

アベノミクスの問題を明らかにしたなら、これをどのように変えるべきかが問われることになる。アベノミクスを政治哲学の類型で分類すれば、リバータリアニズムの考え方に立つものであることがわかる。政治利権を拡大させる部分を除けば、市場原理だけを重視し、市場原理が生み出す結果をそのまま容認するものだ。自然界の法則である弱肉強食をそのまま経済に当てはめる。現実の経済社会で実質的に人々を支配しているのは、ごく限られた巨大資本である。米国を支配する支配者は、巨大な金融資本、軍事資本、そして多国籍企業である。

この巨大資本が世界市場を統一し、世界を制覇しようとしている。なぜなら、彼らはあくなき利潤の追求者だからである。自然界の弱肉強食と異なり、人間界の資本の欲望は無限である。所得と富の際限のない獲得を目指し、とどまるところを知らない。しかし、すべてを取り尽くしたとき、彼らは絶滅の危機に瀕するだろう。

経済は循環変動する。カネは天下の回りものと言うが、限られた一握りの人々が所得と富も独占すれば、何が起こるか。世の中から大衆消費が消滅する。生産力と、生産物に対する需要の均衡が崩壊する。恐慌が発生し、経済は崩壊する。しかし、そこに至るまで資本は資本の自己増殖を止めないと思われる。

アベノミクスは市場原理を金科玉条とし、結果における格差を容認する。同時に資本の利益追求を積極的に後押ししてきた。シャンパングラスを積み上げたシャンパングラスのタワーの頂上にシャンパンを注ぎ込むにつれて、その頂上のシャンパングラスだけが膨張して、すべてのシャンパンが頂上の杯に蓄えられる。下段のグラスに存在していたシャンパンさえ吸い上げられ、末端のグラスはカラカラになってしまう。資本栄えて民亡ぶのだ。

大資本利益の極大化を目指し、そのために日本の経済構造を変える。同時に、特定の利権関係者が特殊な利益を国家権力からかすめ取る。明治の時代に政商と呼ばれるよこしまな利権追求者が跳梁跋扈した。政治権力と結びつくことによって利権を獲得し、私腹を肥やした。これが明治の政商だ。シロアリとハイエナの交配種のような存在である。その政商が21世紀になって再び跳梁跋扈している。

その中心人物は「政商納言」と呼ばれ、「頑張った人が報われる社会」などと唱えながら、政治権力の懐につけ入り、私腹を肥やす寄生虫のような活動を続けている。私たちは、21世紀の「政商納言」をあぶり出して、その低劣な存在を除去しなければならない。

こうした薄暗い、薄汚れた側面を持つアベノミクスの正体を、私たちは正確に知っておかなければならない。そのアベノミクスの本質を踏まえて日本の政治を刷新する。これが、私たちが目指す基本方向である。

◎日本の政治を改革する５つの具体的方策

日本の政治を刷新する具体的な方策として、５つのテーマについて検討したい。以下の５つだ。

第一が所得の分配。現代日本の最重要の経済問題を解決する決定打になる施策だ。具体的には、最低賃金全国一律１５００円の実現である。これを実現することにより、日本の経済社会が一変する。日本の経済構造が根底から変化するだろう。現代社会の闇に光が差し込むことになる。

第二は、税制の抜本的な改革。1989年4月に消費税が導入された。かつての大蔵省の悲願であった大型間接税の導入であった。平成が始動した1989年に消費税が導入された。平成の30年は消費税の30年であり、その歴史は背徳性に包まれている。消費税増税で何が実現したのか。私たちはその実相を正確に知らなければならない。平成が終焉したいま、平成の遺物としてこの消費税に終止符を打つことが必要である。

第三は、民営化。民営化という名の下で何が行われているのか。民営化と並行して展開されているのが、特区である。経済特区が創設され、さらに、より強い権能を持つ国家戦略特区が創設されてきた。国家戦略特区の存在は加計学園に対する獣医学部新設認可によってクローズアップされた。

岩盤規制にドリルで穴を開け、四国に初めて獣医学部を創設したと喧伝されているが、実態はきれいごとの説明とはかけ離れている。安倍首相のお友達が自分の子息のために獣医学部新設を希望しており、その私的な希望を満たすために国家戦略特区という制度が恣意的に利用されたものとの解釈が正しい説明であるとの説明が強い説得力を有している。

政府と財政利権の隙間に入り込んで跳梁跋扈するシロアリとハイエナの交配種である政

商納言がうごめいて、重要な政府の施策が決定されているのが現実である。政商納言軍団が特区利権に食らいついて国家を食いものにしている側面が強い。民営化、特区、そしてＴＰＰの日米協議のなかに明記された日本政府の規制改変の義務規定によって、日本が売られ、壊されつつある。この流れに歯止めをかけることはできるのか。日本を売り渡す政策に終止符を打つことができるのか。この問題を考えなければならない。

第四はＴＰＰプラスの問題だ。日本のＴＰＰ参加を主導したのは、菅直人内閣と野田佳彦内閣である。２０１０年６月に発足した菅直人政権は、ＡＰＥＣ首脳会議の議長国として目玉になる施策を求めた。その菅内閣に米国があてがったのがＴＰＰ交渉への参加勧誘である。ＴＰＰは米国を支配する巨大資本が目をつけて大がかりなプロジェクトに改変した企みである。

米国のトランプ大統領は、米国を支配する巨大資本の完全支配下に位置しない希有な存在であるため、大統領就任後にＴＰＰから離脱した。そのためにトランプ大統領は米国支配者の支配下にあるマスメディアの集中攻撃を受け続けてきた。とはいえ、トランプ大統領も米国を支配する巨大資本と折り合いをつけなければ大統領職を全うすることはできない。トランプ大統領の米国はＴＰＰから離脱したが、日本に対しては個別にＦＴＡを締結して、ＴＰＰ以上の日本の譲歩を引き出そうとしている。

２０１９年5月にトランプ大統領が国賓として来日した際に行われた日米首脳会談で、トランプ大統領はこの日米ＦＴＡ協議を8月に決着させて日本の大きな譲歩を獲得する見通しを明らかにした。安倍内閣は日米ＦＴＡ協議を「ＴＡＧ協議（＝物品貿易協定）」と称しているが、日米間で締結される協定は単なる物品貿易協定の枠組みにとどまらない。サービス、制度の統合を含むＦＴＡあるいはＥＰＡそのものなのである。

安倍自民党は２０１２年12月の総選挙に際し、「嘘つかない！　ＴＰＰ断固反対！　ブレない！　日本を耕す!!　自民党」と大書きしたポスターを貼り巡らせて選挙を戦った。「ＴＰＰ断固反対」を公約として掲げて選挙を戦った。その選挙の投票日から3カ月も経たぬ２０１３年3月15日に、安倍首相はＴＰＰ協議への参加を正式に発表した。主権者を欺く背信の行動と言わざるを得ない。

そして２０１６年秋から冬の臨時国会審議において、安倍内閣は米国を含むＴＰＰ合意案の批准を強行した。安倍首相は「米国が参加するＴＰＰ」という枠組みを確定するために国会批准を急ぐと主張した。米国大統領選は２０１６年11月に行われた。米国大統領選でトランプ氏が当選すれば、大統領就任後に米国がＴＰＰから離脱する可能性が高いと見られていた。米国が離脱すればＴＰＰ発効はなくなる。したがって、日本の批准審議は米国大統領選の結果を見極めてからで遅くないとの正当な主張が存在した。

ところが安倍内閣は、「ＴＰＰ協定の最終合意内容は見直さない。この合意内容を不変のものとするために批准を急ぐ。米国が離脱意思を示す場合には米国をＴＰＰにとどまらせる」と主張して国会での採決を強行した。衆院を通過したのは米大統領選でトランプ大統領が選出された翌日だった。そして、トランプ大統領は公約通り、大統領就任直後にＴＰＰからの離脱を表明した。これによってＴＰＰの発効はなくなったはずだった。

安倍首相は国会答弁で、ＴＰＰ合意文書の変更をしないことを明言していたから、米国がＴＰＰを離脱するとＴＰＰは発効し得ないものになった。ところが、二枚舌を駆使する安倍首相は、ＴＰＰ合意文書を修正して米国が離脱したＴＰＰを発効させる方向に動き始めた。国会での答弁は虚偽答弁だったということになる。これ以上の国会軽視、国会の冒涜はない。

日本がＴＰＰ交渉に参加する際、米国は多種多様な要求を日本に突きつけた。日本政府はＴＰＰ交渉に参加する入場料として、法外な代償を支払ったのである。その結果として日本の諸制度、諸規制が一気に書き換えられ始めている。それらの制度変更、法改定はことごとく日本の主権者に不利益を与えるものである。

筆者は多くの有志と共に「TPP交渉差止」、「TPP批准阻止」の運動に参画してきた。米国を含むTPPが米国の離脱によって事実上発効できない状況になったにもかかわらず、安倍内閣は国会での説明とまったく異なる行動に突き進み、米国抜きのTPP発効に向けて大暴走した。さらに、日本のEUとの間の日EU・EPAまで成立させ、発効させてしまった。私たちは「TPPを許さない！全国共同行動」を「TPPプラスを許さない！全国共同行動」に発展させて運動を続けている。

安倍内閣が熱烈推進しているTPPプラス、ならびに米国との間で交わした不平等合意がいま、日本国民の食糧確保、日本の農林水産業、そして日本国民の食の安全に重大な影響を与え始めている。

第五のテーマは、日本の財政改革だ。財政改革の真のテーマは財政支出の内容を全面的に見直すことだ。２００９年に鳩山内閣が誕生したのち、「事業仕分け」という作業が行われた。政府支出から10兆円の財源を引き出すために、財政支出全体を見直すための作業であった。しかしながら実際には、すべての段取りを財務省が仕切り、見せかけだけの三文芝居に終わってしまった。

日本のスーパーコンピュータ開発予算に関連し、蓮舫議員が「2位ではダメなんですか」と質問した、その台詞だけが事業仕分け事業の残骸として語り継がれることになっただけで、会場となった体育館で三文芝居、学芸会が展開されただけである。

政府支出の多くが切り込み可能である。政府の利権支出、裁量支出を切れば、年間10兆円の財源を生み出すことが十分に可能である。問題は改革を実行するか否かという行動力にかかる。実行可能であるものを、実行すれば財源は捻出され、実行しなければ財源は捻出されない。

歪んだ所得分配を変える
～最低賃金全国一律1500円の実現

◎大企業の労働コスト圧縮のために進められた「働き方改革」

所得分配および労働政策、税制、民営化、TPPプラス、財政構造改革の5つのテーマについて考察しよう。

第一のテーマは所得分配、労働問題である。安倍内閣は「働き方改革」という名称の「働かせ方改悪」法制を強行制定した。2018年の臨時国会では、日本の労働者の多くが低賃金であるがゆえに求職を見合わせるような、過酷な労働分野の仕事を外国人に押しつけるための入管法改定も強行された。これらのすべてが何を目的に行われているものであるのか。本質を見極めることがまずは大事だ。

「働き方改革」と表現すれば、これらの制度変更が労働者の利益の増大を目指すものであるとの印象を与える。安倍内閣はこの問題を動かすために、あるひとりの女性を利用した。

電通に就職し、職務に命を捧げた女性である。高橋まつりさんは電通での過酷なビジネスの犠牲者になった。長時間残業を強要され、自ら命を絶つ状況に追い込まれた。

現代日本社会における『蟹工船』とでも表現するべき悲劇だった。高橋まつりさんのニュースをメディアは大きく取り上げた。さらに、東京簡易裁判所は、この電通の違法残業事件について、労働基準法違反罪で法人としての電通を略式起訴した東京地検の処分を「不相当」と判断し、正式な刑事裁判を開くことを決めた。書面だけの審理でよいとして検察が略式起訴した事件について裁判所が「不相当」と判断するのは異例のことである。

東京簡易裁判所は正式な裁判を求めた理由を発表しなかったが、その後の経緯を見ると、その理由が浮かび上がる。安倍内閣が「働き方改革」という名の「働かせ方改悪」を目論んでおり、事件に世間の耳目を集めることで、安倍内閣の企てを側面援助しようとしたのだと推察される。東京簡裁が正式な裁判を開くことを決めたのが２０１７年７月12日。公開の裁判での判決が示されたのはこの年の10月６日のこと。法人としての電通に対し、求刑通り罰金50万円の判決が言い渡された。判決内容は略式命令の場合の結果と変わらないと推察される。公開の裁判が行われたのは、この事件に世間の関心を集めるためだったのだと言ってよいだろう。

安倍内閣が提出した法案には4つの基軸が組み込まれていた。長時間残業についての法的枠組みの整備、同一労働・同一賃金という名称の制度構築、残業代を支払わない裁量労働制の適用範囲拡大、同じく残業代を払わない高度プロフェッショナル制度の創設、の4つだ。

残業代を払わぬ労働制度として、すでに存在する裁量労働制の適用範囲を拡大することと併せて、年収の高い労働に関して残業代を払わない新しい制度の創設が目論まれた。新制度は第1次安倍内閣が2007年にホワイトカラー・エグゼンプションとの名称で創設を目論んだものだが、残業時間の管理ができず、過労死を招くリスクが懸念されて法案提出が断念された。その廃案となった法律案が焼き直して再提出された。

年収が高水準である労働であれば、実労働時間と賃金をリンクさせず、定額の賃金支払いでよいこととする制度の創設だったが、この制度が長時間残業をもたらし、過労死発生を誘発することが懸念されたのである。

裁量労働制は、専門的職種・企画管理業務など、業務の性質上、業務遂行の手段や方法、時間配分等を大幅に労働者の裁量にゆだねる必要がある職種において、労働者の実際の労働時間とは関係なく、労使であらかじめ定めた時間働いたものとみなしたうえで、その

「みなし労働時間」を基準に賃金を支払う制度である。１９８７年の労働基準法改正で導入され、１９９８年の改正で適用範囲が拡大されたものである。２０１８年に安倍内閣は、その適用範囲を大幅に拡大することを目指したが、内閣が提出したデータに重大な不正があることが露見して法案提出が断念された。

安倍内閣は裁量労働制の下では残業時間が短くなるとのデータを国会に提出したが、このデータがでたらめであることが発覚したのである。その結果、裁量労働制の適用範囲拡大にかかる法改正案は撤回されたが、他の法案はそのまま提出された。

裁量労働制においては、労使であらかじめ定めた「みなし時間外労働」については賃金が支払われるが、新たに導入された「高度プロフェッショナル制度」では残業代が支払われない。いずれにせよ、定額の賃金支払いで残業時間に制限がなくなるわけで、「定額残業させ放題プラン法案」の表現は核心を突くものだ。

「高度プロフェッショナル制度」は年収が高い労働者を対象とするものとされているが、今後、その適用年収がなし崩しで引き下げられる懸念は大きい。

裁量労働制の適用範囲拡大は、法案提出の根拠となる統計データの不正が明らかになったために、国会提出が断念された。しかしながら、法案が提出された高度プロフェッショナル制度においては残業時間が計測されることもなくなる。労働者の側は、与えられた仕事を完了するためには徹夜残業の連続を迫られることになるかもしれない。労働時間管理はまったく行われなくなる制度であり、新たな過酷労働犠牲者が多数発生する恐れは極めて高い。

同一労働・同一賃金制度の導入が図られたが、実態としては正規・非正規の格差を温存する口実が散りばめられており、同一労働・同一賃金の実現は見通しが立っていない。さらに言えば、同一労働・同一賃金の名称で安倍内閣が目指している方向は、非正規労働者の処遇を引き上げて正規労働者と同一にするものではなく、正規労働者の処遇を引き下げて非正規労働者と同一にすることを目指すものであると考えられる。正規労働者と非正規労働者の格差は温存されるが、今後は正規労働者の処遇引き下げ圧力が一段と高まることが予想されるのである。

高橋まつりさんが過酷労働の犠牲となり、メディアがこの問題を大きく報じ、法改正が論議されたが、最終的には月100時間までの残業を認めるという長時間残業合法化法になってしまった。これまでの裁判事例では、月残業時間80時間で過労死が認定されたケースが存在する。つまり、月80時間労働は過労死をもたらす危険水準として裁判判例が確定しているのである。このなかで新たに制定された法律では、月１００時間までの残業が合法とされた。この法律では、過労死の発生を防ぐことができない。

「これがあなたを追い詰めた日本の姿だよ。」２０１８年6月29日、定額残業させ放題プラン法案とも呼ばれる高度プロフェッショナル制度創設を含む「働かせ方改悪法」を可決、成立させた参議院本会議を傍聴した高橋まつりさんの母高橋幸美さんは、持参したまつりさんの遺影に向かってこう語りかけた。高橋幸美さん、ＮＨＫ記者で過労死した佐戸未和さんの母恵美子さんとともに参院本会議後に国会内で開かれた記者会見に臨んだ「全国過労死を考える家族の会」の寺西笑子代表は、「よもや過労死防止に逆行するような法律の成立を目の当たりにするとは思わなかった。悔しくてたまらない」と語った。

安倍内閣は過労死を防止するのではなく、過労死を促進するための法律と言わざるを得ない「働かせ方改悪法」制定を強行した。過酷な長時間残業の犠牲者となった高橋まつりさんは、ただ単に安倍内閣によって利用されただけであった。

すべての施策の流れの底流に、グローバルに活動を展開する大資本への利益供与がある。大資本が日本で事業を展開する際、利益拡大の妨げになる最大の要因が労働コストである。労働コスト圧縮こそハゲタカ資本の熱望する最重要施策であり、それがそのまま安倍内閣の最重要施策になっている。長時間残業の合法化、定額残業させ放題プラン制度の創設・拡大、そして正規・非正規の処遇格差温存などが決定された。

グローバルな活動を拡大するハゲタカ資本は、日本の労働諸規制のさらなる緩和・撤廃を強く求めている。彼らが求める重要制度変更が解雇の自由化だ。現在の裁判判例では、企業による首切り、解雇には高いハードルが設定されている。ハゲタカ外資はこのハードルを大幅に引き下げることを求めている。具体的には、低水準の一定の金銭的補償によって、企業が従業員をいつでも合法的に解雇できる制度の創設が目指されている。金銭補償での解雇全面容認への移行である。

◎年収を200万円以下から300万円に引き上げる最低賃金1500円

さらにもうひとつの重大施策が存在し、この法改定も強行された。それは過酷な労働を低賃金で賄うための制度構築である。具体的には外国人労働力の輸入解禁である。政府が試算した外国人受け入れと人手不足の予測規模を見ると、介護、外食、宿泊、建設、ビル清掃、農業、飲食料品製造などの分野で大きな人手不足が見込まれているが、これらの分野の人手不足を補うために外国人労働力を「輸入」するための法律が強行制定された。

人手不足が叫ばれているが、ものは言いようだ。人手不足の実相は賃金不足である。支払う賃金が低いから求職者が現れない。賃金を引き上げれば、労働需要は減少し、労働供給は増加する。これが市場原理に基づく需給の調整だ。市場原理＝価格メカニズムがすべての基本だと叫ぶ人々が、この問題になると突然、市場原理＝価格メカニズムを完全無視した議論を展開する。過酷で労苦の多い仕事なのに人為的に賃金を低水準に固定するから、その賃金で働いてもよいという人が現れないのだ。

問題を解決するには、賃金を引き上げればよい。賃金を引き上げれば、労働供給が増加する。このことによって問題解決が図られる。ところが資本は賃金の上昇を嫌う。その低賃金では労働を供給してくれる人が少ないから、その不足分を外国人によって穴埋めするための制度を構築する。これが入管法改定の目的である。賃金は低位に据え置かれたまま、不足する労働力を外国人の「輸入」によって賄う。日本の労働者は、本来、価格メカニズムによって得られるはずの高水準の賃金を得ることができなくなる。

これまでにも日本は、技能実習生という名目で外国人労働力を不正利用してきた。日本が受け入れた外国人の技能実習研修制度の下で、外国人が不当な取り扱いを受けてきたことは明白である。労働基準法は外国人にも適用されるべきものであり、不当な処遇は排除されねばならないが、これまでの技能実習研修生制度においては、重大な人権侵害、権利侵害が放置されてきた。

外国人の人権侵害問題に目をつぶる日本の刑事司法当局、政府の基本姿勢がある。介護、外食、漁業、農業、宿泊、ビル清掃、そして飲食料品製造などの労働現場には、過酷な労働環境が広がる。この労働の過酷さに見合わぬ低賃金が放置されている。労働供給が途絶えるのは、価格メカニズムによる当然の帰結である。この労働力不足を穴埋めするために、人権を保障せずに外国人を充当するのは、現代版の奴隷制度確立と言うほかない。

日本の格差問題で是正が必要であるのは、賃金が高い側ではなく、賃金の低い側である。フルタイムで働いても年収が200万円に届かないという労働者が、1100万人を超えている。1日8時間、週に5日労働すると、週労働時間は40時間になる。1年間を52・1週として計算すると、年間労働時間は2085時間になる。これが法定労働時間の上限になる。時給1000円を当てはめれば年収は200万円水準となり、フルタイムで働いても年収が200万円に届かないというのは、時給単価が1000円を下回っているということだ。

この時給が1500円に上昇すると、年収水準では約300万円になる。最低賃金を1500円に引き上げると表現すると、天地がひっくり返るような事態、おとぎ話の世界の話だと騒ぎ立てる者が多いが、実際に働く側に立場を置き換えてみれば、時給1500円という水準は、年収換算で300万円という水準に過ぎないのである。

現代版蟹工船状態の日本経済の下では、年収300万円の労働者は高所得者扱いである。1100万人の労働者がフルタイムで働きながら年収200万円に届かない。この人々が極めて厳しい生活を強いられている。とりわけ大都市においては、生活費が極めて高い。食料費は大競争によって低下しているが、住居費が極めて高い。そのために住居費負担を伴う労働者の場合、年収200万円という水準は、豊かさを実感できる水準からかけ離れている。この処遇を年収300万円水準に引き上げるというのが最低賃金1500円の意味である。

年収200万円の人々を年収300万円の世界に引き上げることの意味は極めて大きい。これによって、人々の生活に夢と希望が湧き上がるはずだ。夫婦共働きで1人の年収が300万円であれば、2人を合わせた世帯収入は600万円水準になる。子どもを安心して預けられる保育所、幼稚園、そして学校が整備され、子育ての費用負担が国によって支えられるならば、子どもを産み、子どもを育てるという意欲は促進されることになるだろう。

最低賃金を全国一律で定めるのは、地方での就業意欲が増大されるからだ。大都市では、居住費を中心に生活コストが高い。同じ所得を地方での生活に当てはめれば、諸物価が低い分だけ実質的な生活水準が上昇する。地方にその最低賃金での雇用機会が生まれなければならないが、就業機会を得ることができるなら、地方に在住し、地方で就業するメリットは極めて大きくなる。人口の地域分散が促進され、地域経済が活性化される。地方創生の言葉を並べても何の実効性もないが、最低賃金全国一律1500円が実現されるなら、地域経済が活力を生み出すことは間違いない。

◎最低賃金を上げても経済悪化は避けられる

「現在の最低賃金制度でギリギリの状況にある企業にとって、最低賃金1500円は死の宣告に等しい」。このような反論が直ちに返ってくる。現在の状況で、何も変えずに、いきなり最低賃金1500円を企業に強要すれば、立ち行かない中小企業、零細企業が多発することは目に見えている。

韓国で文在寅《ムンジェイン》政権が誕生し、最低賃金の大幅引き上げを断行した。政策の方向は正しい。目指す方向に間違いはない。しかし、実行のプロセスを誤れば、良薬も毒薬になってしまう。経済が急激に悪化し、雇用情勢が悪化すれば、政権批判の格好の材料とされてしまう。最低賃金を大幅に引き上げる政策を実行する場合には、２つの条件を確実に確保することが必要不可欠だ。第一は、企業負担の増大が企業の倒産を生まぬよう、中小零細企業に対する支援を行うこと。激変緩和措置を採らなければ企業そのものが消滅してしまう。企業の消滅は雇用の減少をもたらす。雇用情勢が急激に悪化すれば何のための賃金引き上げかということになる。

第二は、財政補助を打ち切る、最低賃金引き上げプロセス完了までの時間を十分に確保することだ。１年、２年の短期日で最低賃金引き上げに伴う財政支援を打ち切れば、多くの企業が破綻してしまう。経済活動は停滞し、失業率が上昇し、雇用情勢が全体として悪化するという事態が発生し得る。

最低賃金の大幅引き上げは経済活動ルール変更である。ビジネスモデルは、所与のルールの下で構築されるものだ。そのビジネスモデル構築の最重要の前提条件が最低賃金ルールである。最低賃金１０００円というルールの下でのモデル構築と、最低賃金１５００円というルールの下でのモデル構築は、まったく別のものになる。時給1000円を前提にして成り立つビジネスモデルが、時給1500円を前提とすれば、まったく成り立たない場合が出てくる。

したがって、事業者は時給1000円というルールが時給1500円というルールに変更される場合、時給1500円というルールの下で成り立つビジネスモデルを新たに構築しなければならないことになる。その結果として、存立し得ないビジネスが多数発生する一方、新たに誕生するビジネスが浮上してくることになる。

最終的には、時給1500円という新しいルールの下で存立する、新しい経済全体の均衡状態がもたらされることになる。この新しい均衡状態が得られるまでに、一定の時間が必要である。

経済社会がモデルAからモデルBに切り替わることになる。この移行を円滑に進めるために必要な最重要の条件が、必要十分な財政支援と時間の確保なのである。モデルAからモデルBへの移行を支援するための財政支援措置が採られなければならない。同時にモデルAからモデルBへ移行するための必要十分な時間的猶予が設定されなければならない。完全移行期間を5年から10年に設定するべきである。しかしながら、この政策が円滑に遂行されることにより、日本社会は劇的な変化を遂げる。同時に過酷な労働を安い賃金のまま誰かに背負わせるという現代版奴隷貿易制度を創設するという入管法改定という措置が、時代のあだ花となることも明確である。

市場原理を重視すると公言している人々が、市場原理を無視して、高い賃金を払わなければ働く人を集められないような厳しい仕事を、安い賃金のままで相対的に発言力の弱い外国人に押しつけるというのが、入管法改定、現代版奴隷制度創設の狙いなのである。

日本と韓国の間の徴用工の問題がいまなお解決していない。日韓政府は政府間で問題の解決を図ったとするが、韓国の人々の個人の請求権までが消滅したわけではない。日韓政府が合意したといっても、これは行政機構の合意であって、三権分立が存在するのであれば、韓国の司法部が行政部と異なる判断をすることは当然想定される。

日本の場合、司法部は独立性を失って政治権力の支配下に置かれているから、日本基準で考えれば行政府の約束した流れと異なる判断を司法部が示すなどということはあり得ないことなのかもしれないが、国際標準の三権分立の基準で考えれば、行政府の約束事の効力は司法部には及ばない。この問題をいまなお引きずりながら、新たに日本に奴隷貿易制度を創設するという発想自体が、日本政府の人権意識の欠如を表している。

◎どのような社会を理想とするのかを、いま私たちが問われている

アベノミクスの本質は、資本の利益の極大化である。これに対するアンチテーゼが最低保障の引き上げなのだ。最低保障水準をフルタイムの労働者において年収200万円水準から年収300万円水準に引き上げる。現行の最低賃金は都道府県ごとにばらつきがある。800円から1000円程度のばらつきがあるために、年収水準でいえば200万円を大きく下回る労働者が多数存在する。国が保障する最低生活水準と最低賃金がリンクしている。すなわち、生活保護の支給基準にも最低賃金が用いられるのである。

すべての人に保障する最低水準を引き上げるということは、最低賃金の引き上げが同時に生活保護の支給基準の引き上げにもつながるのである。十分働く力を持ちながら、働くことをせず生活保護を受給する者の存在に対し、歯を食いしばって働きながら厳しい生活を甘受している人々の不満が爆発する気持ちはよくわかる。したがって、生活保護の支給の適正化は重要な課題である。

しかしながら日本においては、生活保護受給資格が客観的にあるにもかかわらず、生活保護を支給する地方公共団体が水際で生活保護の支給を阻止する体制を構築していること

が多い。また、生活保護受給申請を利用者の側が躊躇していることも多いのだ。生活保護受給は基本的人権に基づく正当な行為であるのに、この権利の行使を抑圧する圧迫した空気が形成されている。

２０１８年2月5日の衆議院予算委員会で日本共産党の志位和夫委員長が安倍首相に「生活保護を利用することは決して恥ずかしいことではない、憲法25条にもとづく国民の正当な権利だということを、国会のこの場で表明していただきたい」と求めた。しかし、安倍首相は「生活保護受給が権利である」と明言しなかった。

日本では、「生活保護は恥だ」という意識や、生活保護に対する「バッシング」から、多くの人が生活保護を申請することをためらっている。生活保護を国家による上から下への「救貧策」であるとの間違った感覚で捉える意識が強いのである。生活保護の利用は、上から下への救貧策ではなく、憲法が「侵すことのできない永久の権利」（日本国憲法第97条）として認めた基本的人権の行使であることを私たちは正しく認識するべきである。20世紀に確立された最も重要な基本的人権である生存権に対する理解が希薄なのだ。

リバータリアンの思想に基づき、経済活動の結果に国家は介入するべきでないとする主張は、賛否を別にすれば、ひとつの考え方である。徴税は財産権の侵害であり、徴税によって私有財産を奪い、これを国家が貧困者に給付するのを許さないとの考え方である。

他方で、可能な限り安価な政府を主張し、社会保障支出も切り詰めるべきだと主張する者が、政府の利権を伴う裁量支出については、これを容認するというのは筋が通らない。一貫性のないダブルスタンダードの議論である。市場原理を重視すると言いながら、介護サービスなどの過酷な労働市場における人手不足を、賃金の引き上げで解決しようとしないダブルスタンダードの議論と共通するものだ。

巨大な利権支出、裁量支出を切り込むことを主張する者が、同時に社会保障の水準を切り下げるというのは、一つの立場であるだろう。ところが、生活保護を切り込み、社会保障を圧縮すべしと主張する者が、他方で、利権まみれの裁量支出を切り込むことには猛烈に反対するという現実が存在する。このダブルスタンダード、矛盾を見落としてはならない。

日本の財政運営の現実は、生活保護、社会保障を無慈悲に切り込む一方で、巨大な利権支出、裁量支出を温存、拡張している点に最大の特徴があり、これを刷新することが本当の意味の財政構造改革なのである。

社会保障制度をめぐるリバータリアニズムとリベラリズムとの主張の相違は、私たちが最終的にどのような社会を目指すのかという問題に帰着することになる。「自然界の法則は弱肉強食であるのだから、人間界においてもこの法則をそのまま当てはめるべきだ」という主張が一方にある。他方において、「本当の意味での豊かな社会とは、すべての人に保障する最低水準を、ある程度の豊かさを実感できる水準に引き上げることによって確保される」との主張が存在する。

現代の日本社会において、とりわけ若者が未来に夢と希望を持てなくなっている。フルタイムで汗水流して働いても年収が２００万円に届かない。結婚をすることも叶わず、子どもを産み育てる自信も意欲も持つことができない。この現状が日本の経済社会をどれほど暗いものにしているのか。

若い人々の右傾化、政権与党寄りのスタンスの強まりが伝えられるが、彼らが好き好んで政権与党を支持しているとは考えられない。自分の生活境遇があまりにも苦しく、厳しいがゆえに、権力に対して迎合せざるを得ない。圧迫された状況に置かれているために、与党支持率が高まっているだけなのではないか。

この視点からすれば、政権与党は多くの若者をより積極的に底辺に追い込もうとするかもしれない。年収水準が上昇して、落ち着いて政治や社会の問題に関心を持ち始めれば、当然のことながら、現行の暴走政治の欠陥がよく見えてくる。この状況は彼らにとっても好ましい状況ではないはずだ。

最終的に判断するのは日本の主権者、私たちである。私たちはどのような社会を目指すのか、弱肉強食を容認、推進する社会、政治を目指すのか、それとも、すべての人が笑顔で生きていける社会、政治を目指すのか。この問題に対する選択は、一人ひとりの個人の理念と哲学、価値観によって定められることになる。

税制の抜本的な改革
～消費税の廃止は実現可能だ

◎森友問題で安倍首相が財務省につくった借り

経済政策問題のもうひとつの柱は、税制である。財務省は、日本政府が財政危機に直面しており、今後の社会保障支出需要の高まりを踏まえれば、消費税増税の道を避けることはできないと説明する。２０１９年4月15日には、ＯＥＣＤのグリア事務総長が日本記者クラブで会見し、対日経済審査報告書について説明をした。この報告でグリア氏は、「消費税率の10％への引き上げは不可欠」と指摘し、その後も「徐々に税率を引き上げることが財政改善につながる」と強調した。さらに、日本がプライマリーバランスの黒字化を実現するには、消費税率を20％から26％の水準にまで引き上げることが必要だと提言したのである。メディアはこれを大きく報道したが、笑止千万の茶番である。

ＩＭＦとＯＥＣＤは、定期的に日本の経済政策について提言を発表する。これらの機関で対日経済政策を取りまとめるのは、それぞれの日本デスクである。この日本デスクの職員は、実は日本の官僚である。ＩＭＦには財務省から職員が派遣されている。他方ＯＥＣＤには、かつては経済企画庁あるいは通産省から職員が派遣されていた。これらの日本の公務員がＩＭＦやＯＥＣＤの日本デスクを受け持ち、対日経済政策提言を取りまとめる。

ＩＭＦの提言は財務省の提言そのものであり、ＯＥＣＤの提言は、かつては経済企画庁の提言の色彩が強かった。大蔵省、財務省が緊縮財政の主張を掲げるのに対し、かつての経済企画庁は積極的経済政策を提言する傾向を有していた。しかし、省庁再編により経済企画庁は内閣府に吸収された。そして、その内閣府の実権を財務省が握った。このため現在はＯＥＣＤ派遣人事についても、財務省が主導権を握っている。

同時に、現在は財務省がＯＥＣＤ幹部ポストに人材を派遣している。２０１１年から16年までＯＥＣＤ事務次長を務めた玉木林太郎氏は１９７６年大蔵省入省の官僚であり、後任の事務次長に就任した河野正道氏も１９７８年大蔵省入省の官僚である。ＯＥＣＤの対日経済報告はＯＥＣＤと日本の官庁による共同制作物であり、日本の官庁での主導権を握っているのが財務省なのだ。つまり、財務省が財務省の主張をＯＥＣＤという衣装を纏《まと》わせて発表しているのに過ぎない。

２０１９年４月のタイミングで日本の増税強行を提言した背景に、財務省の強い危機意識があった。それは安倍内閣が３度目の消費税増税延期を行うことへの警戒である。安倍内閣は２０１４年11月、２０１６年７月に、それぞれ消費税増税の延期を決定した。いずれも国政選挙直前の発表であった。この増税延期決定を受けて、２０１４年12月の衆議院議員総選挙、２０１６年７月の参議院議員通常選挙において、自民党は多数議席を確保した。２０１９年７月に見込まれる参議院選挙で勝利を獲得するために、安倍首相が３度目の消費税増税延期に踏み切ることを財務省は警戒したのである。

安倍首相の側には逆に、簡単には消費税増税延期に踏み切れない事情があった。それは２０１７年から18年にかけて国政を揺るがす大問題に発展した森友学園への国有地不正払い下げ疑惑の浮上だ。財務省がこの問題の詳細をすべて公表していれば、安倍内閣は終焉していたと思われる。安倍首相は２０１７年2月17日の衆議院予算委員会で、「もし私や妻が関わっていたのであれば、それはもう私は総理大臣も国会議員も辞めるということははっきり申し上げておきたい」と明言した。

しかし、その後に明らかになった事実は、安倍首相夫人である安倍昭恵氏が、この問題に深く関わっていたことを示すものであった。その事実の詳細を財務省が明らかにしていれば、安倍首相は総理辞任どころか、議員辞職にまで追い込まれていたはずである。しかし、財務省が徹底して事実の隠ぺいに動いた。挙句の果ては虚偽公文書作成という重大な刑法犯罪にまで手を染めたのである。

国会での偽証、虚偽公文書作成、国会への虚偽文書の提出による偽計業務妨害、さらに国有地の不正売却という背任などの重大な刑法犯罪が明確になった。日本の刑事司法が適正に機能しているのであれば、逮捕者が続出し、安倍内閣は木っ端微塵に吹き飛んだと思われる。虚偽公文書作成においては、公文書の300カ所以上が改ざんされるという前代未聞の巨大犯罪事案が表面化した。ところが、驚くことにというべきか、安倍内閣の下では当然というべきか、この巨大犯罪すべてが無罪放免とされた。刑事司法を不当に支配する安倍内閣の面目躍如というところであろうか。

安倍首相としてみれば、財務省の情報隠ぺいにより首相辞任、議員辞職は免れたが、同時に刑事司法を不当支配することによって財務省の犯罪ももみ消したとの意識があるのかもしれない。借りは返したという意識が安倍首相の側に存在するかもしれない。財務省に対する借りは消滅したから、安倍首相はただひたすら権力の維持に腐心しているのだろう。財務省に対する借りは消滅したから、

◎大蔵省による消費税導入のための言論統制の実態

消費税引き上げは正当な施策でない。消費税は減税し、廃止の方向に誘導するべきものである。ところが財務省は、一貫して消費税増税を追求している。財務省の消費税にかける熱意は想像を絶する。

かつて大平内閣が一般消費税を導入しようとして断念したことがある。この失敗の教訓を活かし、１９８５年に、大型間接税を導入するための秘密プロジェクトが創設された。タックスのＰＲを略して「ＴＰＲ」と呼ばれるプロジェクトが発足したのである。筆者は１９８５年に大蔵省がＴＰＲを創設した際の新設プロジェクトの末端部員のひとりである。事務局は大蔵省財政金融研究所研究部に置かれた。

筆者は当時、大蔵省財政金融研究所研究部研究官という職位にあった。大型間接税は「ＫＢＫ」という符丁で表現されていた。「課税ベースの広い間接税」の頭文字のローマ字を当てはめたものだ。政界、財界、学界３０００人リストが作成され、その３０００人全員に大蔵省職員が説得に回るという言論統制活動が展開された。

大蔵省の主張を受け入れない者には、１階級上の職員が説得に向かった。最悪の場合、事務次官が説得に訪問する。頑強に説得に応じない者はブラックリストに移された。あらゆる新聞・テレビ・雑誌の情報が検閲され、問題発言をする人物がマークされた。このなかで中曽根内閣が売上税という名称で大型間接税導入を試みた。しかしながら、この売上税構想は挫折した。

大阪大学教授の本間正明氏が税制改革の経済効果の試算をまとめ、「中間層以下の所得階層の国民は税負担増になる」という結果を報告した。朝日新聞がこれを大きく報道したことで、反対論に火がついて一気に広がった。中曽根首相は売上税法案提出断念に追い込まれた。

TPRの事務統括者である財政金融研究所のN次長は、「本間を取り込め」と命令した。本間正明氏は翌年、大蔵省財政金融研究所の特別研究官として招聘された。その後、本間氏に毒まんじゅうが積み上げられ、幾ばくもなく本間正明氏は完全に大蔵省寄りの学者に転向したのである。

それから4年の時間が経過し、1989年、消費税がついに導入された。当初の税率は3%であった。この3%の税率が1997年度に5%に引き上げられた。この消費税増税の方針が決定されたのは1996年のことだ。筆者は1996年の年初から1997年の消費税問題について訴え続けた。

当時の日本経済はバブル崩壊の荒波に巻き込まれていた。筆者は、日本の金融機関の不良債権規模は１００兆円規模に膨らんでおり、この局面で拙速な増税に突き進めば、経済を悪化させ、資産価格下落を加速させ、金融恐慌を引き起こすことを警告し続けた。しかし、橋本龍太郎内閣は１９９６年６月25日に消費税増税の方針を閣議決定し、97年４月に消費税増税を断行した。その結果、日本経済は魔の悪循環に陥り、筆者の警告通り、金融恐慌の危機に直面したのである。

１９９６年６月26日に２万２６６６円だった日経平均株価は、２年後の１９９８年10月９日に１万２８７９円に暴落した。この間に三洋証券の破綻を皮切りに、北海道拓殖銀行、山一證券、日本長期信用銀行、日本債券信用銀行の破綻が相次いだ。橋本内閣は１９９８年７月の参院選で大敗し、退陣に追い込まれた。筆者が政治権力から敵対視される最初の原因となったのが、橋本内閣の退場だったのである。実際に、このことが原因となって、筆者は政治権力から重大な攻撃を受けることになった。

しかしながら、橋本首相自身は首相退陣後、筆者を橋本派＝平成研究会の会合に講師として招き、筆者の説明に真摯に耳を傾けた。そのうえで97年の政策失敗を認めた。２００

1年の自民党総裁選では、小泉純一郎氏に対して、自分が犯した失敗を繰り返すべきではないと主張し、自らも出馬したのである。小泉純一郎氏は、筆者、そして橋本龍太郎氏の進言を無視し、超緊縮政策を強行し、日本経済を再び金融恐慌の危機に陥れた。これが2003年の金融危機の主因である。

◎消費税への財務省の執念と抵抗した政治家への人物破壊工作

その5%の消費税率が長く持続したが、2014年4月に8%に引き上げられた。消費税率を5%からさらに引き上げる方針を打ち出したのは、菅直人氏である。2009年に誕生した鳩山由紀夫内閣は、官僚の天下り利権を根絶しない限り消費税増税を認めないとの方針を明示した。財務省にとって最悪の政策方針を明示したのである。

財務省の究極の目的は、消費税を引き上げ、天下り利権を拡大すること。そして、財政支出において社会保障支出を切り、裁量支出を拡大すること。これが財務省の基本三大目標である。

鳩山内閣は、この三大目標を封殺しようとした。消費税増税を封印し、財務省の天下り利権根絶の方針を明確に打ち出した。さらに、財政支出の内容を抜本的に見直し、子ども手当、農家の戸別所得補償、高速道路無料化、高校授業料無料化などの新規政策を打ち出した。これは、裁量支出中心の財政支出構造をプログラム支出中心の構造に転換することを大胆に指し示すものだった。財務省がさじ加減して決定する裁量支出を排除し、社会保障を中心に、ルールによって財政支出が決定される方向に、予算編成の抜本的変革の方針が示されたのだ。財政支出のプログラム化を推進した鳩山首相は、財務省にとっての天敵と化した。

財務省にとっての天敵になろうとも、首相は行政権の長であり、財務省は首相の命令に従うべき存在である。ところが、財務省は鳩山首相の命令に従うどころか、鳩山首相に弓を引いた。

鳩山内閣は、米国による政治支配、官僚による政治支配、そして大企業による政治支配を排除しようとした。大企業による政治支配の根源である企業献金を全面禁止する方針をも明示した。

日本の既得権勢力を一掃する大胆な路線が明確に打ち出された。しかし、このことによって、鳩山内閣は日本政治の既得権勢力からの総攻撃を受けて、わずか８カ月で崩壊に追い込まれてしまったのである。

後継首相に就任した菅直人氏は鳩山内閣が破壊されたプロセスを間近で観察し、すべてを転向した。対米従属に回帰し、財務省利権の温存に動いた。さらに企業献金禁止の方針を闇に葬ったのである。２０１０年6月17日の参院選に向けての公約発表会見で、菅首相は突然、消費税を10％に引き上げる方針を打ち出した。その結果、２０１０年7月の参院選で民主党は大惨敗を喫したのである。これが民主党政権瓦解の決定打になった。

菅直人氏は２０１０年7月参院選を菅内閣に対する信任選挙であると位置付けていた。その選挙で大惨敗したのだから、直ちに総理の座を退く必要があったが、菅直人氏は首相の座に居座り続けた。そして、この菅直人首相の後継首相として野田佳彦氏が就任した。野田佳彦氏こそ「シロアリを退治しないで消費税を上げるのはおかしい」と声高らかに宣言した張本人である。私がブログ記事で紹介した２００９年8月15日の野田佳彦氏による大阪での街頭演説は、「野田佳彦のシロアリ演説」として知れわたることになった。

「マニフェスト、イギリスで始まりました。ルールがあるんです。書いてあることは命がけで実行する。書いていないことはやらないんです。それがルールです。書いてないことを平気でやる、これっておかしいと思いませんか。書いてあったことは4年間何もやらないで、書いてないことは平気でやる。それはマニフェストを語る資格はないというふうに、ぜひ皆さん思っていただきたいと思います。

消費税５％分のみなさんの税金に、天下り法人がぶら下がっている、シロアリがたかっているんです。シロアリを退治しないで消費税を引き上げるんですか。消費税の税収が20兆円になるなら、またシロアリがたかるかもしれません。鳩山さんが４年間消費税を引き上げないと言ったのは、そこなんです。

シロアリを退治して天下り法人をなくして、天下りをなくす。そこから始めなければ消費税引き上げの話はおかしいんです」。

これが２００９年８月15日の野田佳彦氏の街頭演説である。その野田佳彦氏が２０１２年８月に消費税増税法を強行制定した。筆者は２０１２年８月６日の参議院税・社会保障一体改革特別委員会の中央公聴会に公述人として出席した。消費税増税法案に反対の立場から意見を述べた。

しかし、野田民主党、自民党、公明党の3党により、この増税法が強行制定された。このなかで、民主党内の公約を堅持する真正の民主党議員と呼ぶことのできる約50名が、小沢一郎議員を先頭に民主党を離れ新党を結成した。「国民の生活が第一」、のちの「未来の党」である。

野田佳彦氏は2012年12月に総選挙を強行実施した。総選挙実施の最大の目的は、この小沢新党を破壊することにあった。50名の議員勢力は、れっきとした当時の第三勢力である。この勢力が新年を迎えると巨額の政党交付金を受給する権利を確保する。その政党交付金の受給権を消滅させるために年内の選挙が強行されたのである。この2012年12月総選挙で民主党は大惨敗し、政権が安倍自民党に移行した。この選挙は、安倍自民党に大政を奉還するための選挙でもあったのだ。

2012年8月の消費税増税法によって、2014年4月に消費税増税が断行された。そして、この増税によって日本経済は深刻な不況に陥った。2014年3月から2016年5月まで2年余にわたる不況が日本経済を襲ったのである。この事実経過もあり、安倍首相は2度目の消費税増税を躊躇したのだと考えられる。

◎消費税とは金持ちにゆるく、低所得者に過酷な税

消費税増税には重大な問題が3つある。第一は、確実に景気が悪くなることだ。消費税

は、その内容に照らして表現すれば「消費懲罰税」である。消費すると消費金額の一定比率が罰金を課せられるように徴収されてしまうというものだ。消費をすれば罰金を取られるのなら、個人は消費を手控えるようになる。税率が10％になれば、徹底的に消費を切り詰めることになる。この消費の減退が経済を悪化させることは火を見るよりも明らかだ。

企業の内部留保は、２０１７年末に４４６兆円に達した。これだけの資金が蓄えられているのであれば、その資金に税を課すことを検討してもいいのではないかとの提案が生まれる。これに対し、すかさず生まれる反論が、「企業の内部留保に対する課税は二重課税である」というものである。たしかに企業の内部留保は課税後の法人所得の処分の一形態であるものが累積されたものだ。

企業が利益を生むと、その利益に対して法人税が課せられる。法人税を支払ったのちの課税後法人所得は、次の３つの形態で処分される。配当、役員報酬、そして内部留保だ。つまり内部留保は、課税後の法人所得から配当と役員報酬を差し引いた残余の蓄積である。したがって、この内部留保に課税することは二重課税ということになる。

しかし、このことは消費税についてもまったく同様にあてはまる。個人は1年間に得た所得をベースに所得税を支払う。所得税や社会保険料を差し引いた所得を可処分所得と呼ぶ。この可処分所得こそ、私たちが自由に使うことのできるお金である。その可処分所得の一部を消費に回す。消費に回した際に、その消費金額の一定比率を税金として徴収するのは、まぎれもない二重課税なのだ。

第二の問題は、消費税が格差問題をさらに深刻化させる大きな要因になることだ。所得税と消費税の間には決定的に大きな差がある。所得税は能力に応じた課税の考え方をベースにしており、所得金額が一定水準に達するまでは納税義務が生じない。夫婦・子2人、片働きの世帯の場合、年収水準が約350万円に達するまでは所得税の納税義務が発生しない。無税である。

この年収350万円の水準を「課税最低限」と呼ぶ。年間収入がこれよりも少ない個人は、所得税を払う必要がない。そして所得が増えるにつれて税負担率が上昇する。最高税率は地方公共団体の住民税を合わせれば55%に達する。

これに対して消費税の場合、所得がゼロのお年寄りから子どもまで、すべての人に一律に8%という税率で税金を課している。所得が10億円ある個人に対する税率が、所得ゼロの子どもやお年寄りとまったく同じ8%という税なのだ。つまり、消費税は、所得の少ない人々にとって過酷極まりない制度であると同時に、超富裕層にとってこれ以上ゆるいものはないという制度なのだ。

現代日本社会の最大の問題が格差の拡大、新しい貧困問題であることを踏まえれば、所得税課税の適正化と消費税廃止が正しい政策であることは明確だ。また、野田佳彦氏は、「シロアリを退治しないで消費税を上げるのはおかしい」と断言したが、そのシロアリを一匹も退治せずに消費税増税に突き進んだのが、野田佳彦氏である。菅直人氏、野田佳彦氏の政策運営は万死に値するものと言わざるを得ない。

消費税にはさらに重大な第三の問題がある。消費税増税を価格に転嫁できない零細事業者、中小企業は、消費税増税分を自己負担する状況に追い込まれている。消費税は本来、消費者が負担するものとされているが、増税を価格に転嫁できない場合、負担は消費者ではなく事業者に転稼される。そのために多くの零細事業者が倒産と廃業に追い込まれている。財務省は、国民は２種類でよいと判断しているのだと思われる。つまり１％未満の資本家、超富裕層と、残りの労働者階層である。中小零細企業は日本に存在する必要がないと判断しているのだと思われる。

他方で、輸出事業者に対しては輸出金額から消費税に相当する金額が還付される。下請け事業者が消費税増税を価格に転嫁していない場合、最終的に製品を輸出する事業者は仕入れ価格に含まれる消費税額以上の金額を国から還付されることになる。輸出事業者にとって消費税分の還付金は輸出奨励金、あるいは、輸出補助金の経済効果を持つことになる。グローバルに活動を展開する巨大資本、ハゲタカ資本は、世界統一政府、世界統一市場の創設を目論んでいると見られている。彼らの世界経済の図式は単純明快である。一握りの支配者と圧倒的多数の労働者階層、これによって世界を構築する。ロス・チャイルドが策定したとされる「世界革命行動計画」には、支配者とその他の奴隷《ゴイム》の二者による世界の構築が明記されている。

◎これまでの消費税増税分は、法人税、所得税の減税に使われてきた

野田内閣が消費税増税法を強行制定した2012年以降、日本の法人税率が大幅に引き下げられてきた。しかしながら、日本政府は2007年11月に法人税減税の必要性はないことを、政府税制調査会報告書に明記している。

我が国の法人実効税率は国際的に見て高い水準にあり、引き下げるべきという議論があるということを踏まえ、この問題を検討するために国際比較を行った。その結論として、

「課税ベースや社会保険料負担も考慮した企業負担については、モデル企業ベースとした試算において我が国の企業負担は、現状では国際的に見て必ずしも高い水準にはないという結果も得た」と明記されたのである。

実際に政府税制調査会が実施した税および社会保険料負担の国際比較調査結果を見ると、日本の法人負担は英米よりやや高めに位置する傾向があるが、欧州諸国と比べるとかなり低い水準に位置している。欧州の法人は社会保険料負担が極めて高い。社会保険料負担を含めると、日本の法人負担は国際比較上高くはないという現実が存在する。この政府税制調査会報告書は、法人税減税が必要ではないという政府統一見解を確定するための根拠になったものだ。

ところが野田内閣および安倍内閣は、２０１２年度以降、大規模な法人税減税を実行してきた。政府が必要なしと明記した法人税減税が強行されてきた理由が３つある。第一は、財務省が消費税増税を遂行する際の応援団を必要としたこと。第二は、大企業を優遇することによって、大企業が支配権を持つメディアの情報を消費税増税推進に誘導できること。第三は、日本の上場企業の株式を３割以上占有している外国資本＝ハゲタカ資本が、日本の法人税負担の削減を求めたことである。最大の原動力になったのは、この三番目の理由

国税収入：1989 年度と 2016 年度の比較（単位：兆円）

	1989年度	2016年度	増減
税収合計	54.9	55.5	＋0.6
所得税	21.4	17.6	－3.8
法人税	19.0	10.3	－8.7
消費税	3.3	17.2	＋13.9

であったと考えられる。

現実に日本政府は、法人税大減税を実行してきた。１９８９年度の消費税導入から２０１６年度までの27年間の税収推移を見ると、重大な事実が判明する。国税収入の規模は１９８９年度が54・９兆円、２０１６年度が55・５兆円である。ほぼ同水準である。ところが税収の構成が激変した。所得税は21・４兆円から17・６兆円へ、約4兆円減った。法人税は19・０兆円から10・３兆円へと約9兆円も減少した。これに対し、消費税収は３・３兆円から17・２兆円へと、約14兆円も増加したのである。

すなわち、消費税増税による税収増は、そのすべてが法人税減税と所得税減税に振り向けられてきたことになる。消費税増税は、財政再建のためでも社会保障制度拡充のためでもなかった。ただひたすら、法人税負担と所得税負担を削減するために、庶民いじめの消費税大増税が強行されてきたのである。

◎法人税負担、所得税負担を適正化すれば消費税はいますぐ廃止できる

さらに捕足すると、所得税に極めていびつな構造が確認されている。所得税は、所得が増えるほど税負担率が高くなるように設計された制度である。応能原則に基づく課税なのだ。応能原則とは、税金負担の能力に応じて課税をするという原則である。所得の少ない個人に過大な課税を行えば、生存することさえ困難になる。日本国憲法は生存権を保障しており、所得の少ない個人への課税は生存権を侵害するものになる。

必要な税収を確保するには、誰かに負担してもらう必要がある。そこで、所得の大きな個人に相対的に高い税負担率での負担を求めているのである。ところが実際には、所得水準が1億円を超えると税負担率が大幅に低下するという現実が存在する。高額所得者の所得に占める利子配当所得および株式譲渡益所得の比率が大きいために起きている現象だ。

利子配当所得および株式譲渡益については、20％の税率での分離課税が認められている。

このために所得税率の累進構造が利かず、所得増加につれて税負担率が下がるのである。消費税増税を検討するのであれば、金持ち優偶税制の廃止が検討されなければならないが、金持ちのための税制を追求する財務省は、消費税増税を検討する際に、金持ち優遇税制の是正を意図的に職務放棄した。

他方、財務省が喧伝している日本財政の危機が真っ赤な嘘であることも明白になっている。メディアは財政危機を伝える際に、常に同一のフレーズを用いる。それは「日本政府の借金が1000兆円を超えている」というものだ。2017年末の日本の一般政府の債務残高を見ると、1297兆円と、たしかに1000兆円を超えている。日本のGDPが550兆円とすれば、GDP比200％を超えている。財政危機に陥ったギリシャの政府債務残高のGDP比は170％であったから、あのギリシャよりも日本の財政事情は深刻であるという証拠として、この数値が使われている。

しかしながら、決定的に重要なもうひとつの数値が隠ぺいされている。それは2017年末の政府資産残高が1336兆円存在していることだ。両者を比較すると、資産が債務を39兆円上回っている。日本政府は資産超過のバランスシートを保持している。資産超過の政府が財政危機に陥ることはあり得ない。借金1000兆円で財政危機という話と、資

一般政府期末貸借対照表勘定（2017年末）

（単位：10億円）

	2017
1．非金融資産	709,714.0
（1）生産資産	591,916.1
（2）非生産資産（自然資源）	117,797.9
a．土地	113,341.8
2．金融資産	626,528.3
（5）持分・投資信託受益証券	169,001.8
（8）その他の金融資産	256,004.5
期末資産	1,336,242.3
3．負債	1,296,967.5
（3）借入	158,663.2
（4）債務証券	1,072,995.7
4．正味資産	39,274.8

（出典：内閣府「国民経済計算」）

産超過という話の間には、天地以上の開きがある。

筆者がバランスシートによる財務状況の判定ということを声高に主張してきたことを反映して、財務省は財政統計資料のなかに国の貸借対照表、バランスシートを掲載するようになった。しかしながら、ここに新たなミステリーが存在している。財務省が発表している公式資料では、日本政府の資産負債差額は５４８・９兆円の債務超過とされているのだ。

同じ政府機関である内閣府が発表している国民経済計算統計では、39兆円の資産超過であると明示されているにもかかわらず、財務省が発表している財政統計資料では、日本政府は549兆円の債務超過であるとされているのだ。

理由は単純である。財務省の統計には政府の実物資産が取り除かれている。負債はそのすべてが金融債務である。資産は約半分が金融資産、約半分が非金融資産＝実物資産である。財務状況、財務バランスを判定する際に実物資産を取り除くという判断はあり得ない。電力会社や鉄鋼会社のバランスシートを評価する際に、実物資産を取り除いて判定すれば、すべてが巨額の債務超過、倒産企業になってしまう。財務省は日本政府の財務状況を人為的に悪く見せるために、このようないかさま手法を用いている。

1989年度から2016年度の税収推移を見れば、法人税負担と所得税負担を適正化するだけで、消費税を廃止することができることがわかる。また利子配当所得の分離課税の税率を20％から5％引き上げれば、約2兆円の税収増が生じると推定されている。株式譲渡益所得を含めれば、2・5兆円程度の増収になると見込まれる。したがって単純計算ではあるが、分離課税の税率を40％に引き上げれば、これだけで税収を10兆円増やすことができることになる。

この他、利権まみれの政府政策支出50兆円の2割をカットすれば、年間10兆円の資金を捻出することができる。さらに、法人税負担の適正化などを実行すれば、消費税を廃止することは可能になる。

私たちはどのような社会、政治を目指すのか。何よりも重要なことは、この点に関する主権者の判断、選択である。これを明確にした上で、その選択に沿う財政や税制のあり方を再構築する必要がある。既得権勢力の情報誘導に惑わされることなく、固定観念を取り除き、根底から考え直すべき時期が到来している。

利権創出のための「民営化」をやめる
〜独占形態で暴利を得る人々の排除

◎「民営化」とは独占形態になる事業で超過利益を得る仕組み

「小さな政府」3つの類型についての項で、「民営化」が「悪い小さな政府」であると述べた。この点について補足的に整理しておきたい。

私たちは言葉の響きに騙されてはいけない。「民でできることは民に」、「小さな政府」。こうした言葉に騙されてしまう人が多い。しかしながら現在、安倍内閣の下で推進されている民営化は、主権者の利益を増大させるものではない。あくなき利益追求にひた走る資本が、残された数少ない草刈り場として公的事業分野を虎視眈々と狙っているのである。公的管理の下で行われている事業を営利化してしまう。キーワードになるのは「営利化」と「独占」である。

十分に競争原理が働く事業であれば、民間に委ねても問題は少ない。競争によって適正な価格が形成されるからだ。しかしながら事業の種類、属性によっては、競争が生じなくなる分野がある。それが独占形態の事業である。電力事業、水道事業、あるいは空港などは、基本的に競争が生じない分野である。電力事業においては近年、小規模な発電ビジネスが発生し得る環境が整った。水力発電、石炭発電、石油発電などにおいては巨大な設備が必要となり、規模が大きくなればなるほど限界的な生産効率が向上するために、巨大なビジネスが形成されてしまうと、新規に事業に参入することはできなくなる。

電力事業においては、発電以外に送電あるいは変電というプロセスが必要である。送電網を確保できなければ、電力事業は成り立たない。送電部門を公的管理の下に置き、その利用をすべての発電事業者に開放するならば、発電事業に競争原理が働き得ることになる。

近年急速に発展を遂げている太陽光発電においては、太陽光発電に必要なソーラーパネルの価格が急激に低下した。この結果、無尽蔵かつ無償のエネルギー供給源である太陽が存在するかぎり、太陽光発電の発電コストは大幅に低下する。残る問題は送電、変電のプロセスである。送電、変電プロセスが公的管理下に置かれ、その利用の自由が保証されるならば、日本の電力エネルギー供給構造は一変するだろう。

他方、水道事業は、水道のもとになる水源が限定される。しかも多くの場合、その水源は国有地あるいは公有地である。したがってあるひとつの地域に異なる水道事業は、基本的に成り立たない。

空港という事業を考えてみよう。空港を無数に造ることはできない。ひとつの地域にひとつの空港しか存在し得ない。しかし、一方で、飛行機の利用者がいるかぎり、空港を利用しないわけにはいかない。事業は必ず独占形態になる。既述したように、独占形態の事業であり、かつ生活必需品については、これを公的管理下に置くことが正しい。

営利と非営利の相違は、すでに述べたように利潤を追求するか否かである。売上は製造原価と利潤とに分離される。利潤を必要としない非営利事業は、その利潤の部分だけ確実に安くなる。生活必需品であり、同時に独占形態になる事業は公的管理の下に置き、利潤を取らず、非営利で行うことが利用者の利益に適う。

水道事業にしろ、空港事業にしろ、これは同じことだ。問題は公的管理の下に置く事業の場合、事業の効率が下がるのではないかとの懸念である。公的管理の下に置かれれば、一生懸命に事業を展開しなくとも働く者の給料は保障される。そのため、より優れたサービス、より高品質のサービスを提供するために努力をする意欲が削がれてしまうことは否定できない。事業全体の効率が下がってしまう。

だからこの事業を民間事業者に委託して事業の効率を高める。これが民営化を主張する人々の民営化を正当化するロジックである。しかし、独占形態の事業になれば、その事業者が暴利をむさぼるために価格を人為的に高く設定するかもしれない。

政治哲学者のマイケル・サンデル氏について触れたが、同氏が『これからの「正義」の話をしよう』（早川書房）に以下の記述を示している。

「２００４年夏、メキシコ湾で発生したハリケーン・チャーリーは、猛烈な勢いを保ったままフロリダを横切って大西洋へ抜けた。22人の命が奪われ、１１０億ドルの被害が生じた。

このハリケーン・チャーリーがフロリダを通過したあとに便乗値上げを巡る論争が発生した。オーランドのあるガソリンスタンドでは、ひと袋2ドルの氷が10ドルで売られていた。８月半ばなのに電気が止まり、冷蔵庫やエアコンが使えなかったため、多くの人が氷をガソリンスタンドの示す言い値で買うより他に方法がなかった。

各家庭の木々が吹き倒されたせいで、チェーンソーや屋根修理の需要が増加した。家の屋根から2本の木を取り除くだけで、業者はなんと2万３０００ドルを要求した。小型の家庭用発電機を通常は２５０ドルで売っている店が、ここぞとばかりに２０００ドルの値札をつけた。老齢の夫と障害を持つ娘を連れて避難した77歳の婦人は、いつもならひと晩40ドルのモーテルで、160ドルを請求された。このような事態が実際に発生した。」

この行為に対し、賛否両論が沸き起こったことをサンデル氏が紹介している。高速道路のサービスエリアに飲食店やガソリンスタンドがある。高速道路走行中にガソリンの残量が乏しくなった利用者は、このガソリンスタンドを利用せざるを得ない。空腹に耐えかねた利用者は、サービスエリアの飲食店を利用せざるを得ない。

このサービスエリアで営業する事業者がこの状況に目をつけて、1リットル140円で売られているガソリンを、1リットル200円の価格で販売したとしよう。あるいは通常150円で購入できるおにぎりを、300円の価格で販売したとしよう。それでも必需品であれば需要が消滅することはない。事業者は適正な市場価格と、この独占市場で恣意的につけた暴利をむさぼる価格の差によって、超過利潤を獲得することができる。

いま、日本で進められている民営化とは、ひと言で言えばこのような図式である。独占形態になる事業に民間資本を参入させる。民間資本は自由に価格を設定し、法外に高い価格によって超過利潤を得る。その超過利潤に群がる事業者が列をなしているのである。

◎郵便事業、水道事業、空港……民営化の名のもとに日本が売られる

２００１年に発足した小泉内閣が、郵政民営化を強行した。「改革」という言葉はプラスの響きを持つ言葉である。「改革なくして成長なし」と絶叫することによって、この施策を「正義」の施策にまつり上げたのである。郵政民営化を求めたのは米国を支配する巨大資本である。郵便貯金、かんぽに滞留する３５０兆円の資金が標的とされた。しかし、それだけではない。全国津々浦々に存在する郵便局ネットワークは、金融商品を販売する窓口としては圧倒的な強みのある店舗チェーンである。

さらに、日本郵政は、全国駅前一等地に巨大不動産を保有している。米国を支配するハゲタカ資本は、日本の郵政グループが保有する巨大な経済資源に目をつけたのである。この国民資産を収奪するために郵政民営化を小泉内閣に指示し、強行させた。小泉内閣は米国のハゲタカ資本の手先となって行動し、ハゲタカ資本に巨大な利益を供与した。まさに「日本が売られた」のである。

巨大な不動産は、不動産として莫大な価値を持つだけではなく、その不動産の開発に際して巨大な開発事業利権を生み出す。金融機関にとってみれば極めて優良な資金融通先が

確保される。事業実施機関にとっては、巨大プロジェクトという巨大な売上を確保できる。結局のところ、巨大資本の利益増大のために、「民営化」という言葉が使われてきたにすぎない。

水道は命の源である。日本は世界でも数少ない水資源大国である。名水百選などでよく知られているように、極めて優れた品質の水が大地から供給される。しかしながら水資源の水源は偏在している。極めて品質の高い良質な水が大量に供給される地域もあれば、大都市部であれば河川の汚染が深刻で、これを飲用可能な水に転換するために巨大設備が必要となる地域もある。

地方自治体に水道事業が委ねられれば、規模の小さな自治体においては水道事業の効率が悪化し、結果として高価格で水を販売せざるを得なくなる。

生活必需品であり、公的に供給する必然性の高いものについては、すべての日本の主権者に均等なサービスを提供することが望ましい。郵便事業においては、コストだけに焦点を当てれば、中山間地・僻地《へきち》へ郵便物を運ぶのには巨大なコストがかかる。しかしながら大都市に住む住民の郵便代金を52円とする一方、中山間地・僻地の郵便利用者の郵便代金を1000円にすることは容認されないだろう。

国が責任を持って供給しなければならないサービスでは、全国一律に料金を設定することが正しい選択ということになる。したがって水道事業においても、事業運営の主体あるいは事業の会計区分を広域化あるいは全国統合方式に転換し、共通の利用料金を設定することが合理的であるとも判断できる。

ところがいま、安倍内閣は、この水道事業を民間委託しようとしている。水道設備の所有権を自治体に残したまま、事業運営のみ民間事業者に委託しようとしている。このとき、独占形態の事業において、価格決定の自由が付与されることになる。

価格決定の自由が付与されるなら、営利目的の資本は独占利潤をむさぼる方向に料金体系を変更することになる。世界で実行されてきた水道民営化において、ほぼすべてのケースにおいて価格高騰という結果が生み出され、再び公営化に戻さざるを得ないという大きな流れが確認されている。こうした先例がありながら、安倍内閣は水道民営化を進めている。

空港も必需産業のひとつである。事業実施機関としては、売上が消滅するリスクがない。価格決定の自由が付与されれば、独占利潤をむさぼる方向に価格を推移させるだろう。事業を受託する資本にとっては、濡れ手に粟の巨大利益を確保する機会を得ることになる。

民営化後の価格高騰は、事業者の超過利潤と利用者の高額負担の発生を意味している。

◎市民による監視体制をつくれば公的事業も効率化を図れる

企業が生み出す利益は、株主への配当、役員報酬、そして内部留保の形態で処分される。民営化を誰が望み、誰が推進しているのかという点に焦点を合わせるならば、これまでの国内における民営化は、民営化後の企業の役員に就任する者の私的な利益追求のために推進されていたと言える。国鉄が分割されて民営化された。この民営化された旧国鉄各社に運輸省、国土交通省の官僚が天下り、旧国鉄の幹部が民営化会社の役員ポストに就任した。巨大企業の経営者ポストを握り、数十年にわたり、国鉄時代にはあり得ない高額報酬を懐に入れ続けた者もいる。結局は官僚や公営企業の幹部が民営化という名の下に巨大な利権を自分の懐に流し込んだだけなのだ。

ところが、こうした単なる利潤追求の意味しか持たない民営化が、安倍内閣によっていよいよ本格的に推進されている。2015年12月に内閣府PFI推進室が、優先的検討規定の策定要請に対しての通知を地方自治体に送付した。内閣府は自治体がPPP／PFI

の導入を優先的に検討しているかどうか実施状況を調査し、結果をネット上に公表した。

ＰＰＰはパブリック・プライベート・パートナーシップ＝公民連携のこと。ＰＦＩは、プライベート・ファイナンス・イニシアティブの略称で、公共施設等の建設、維持管理、運営等を民間の資金、経営能力および技術的能力を活用して行う手法のこととされている。安倍内閣は、自治体が検討した結果、ＰＰＰ／ＰＦＩを導入しない場合に、その旨および評価の内容を、ネット上で公表しなければならないこととした。民営化を推進するという国の方針に地方自治体が忠実に従っているかを外部から監視することとしたのである。

同時に、安倍内閣は、自治体に対して、コンセッションに関心を持つ企業側が、自治体のＰＦＩ推進への意欲や公共施設、所在地、施設面積、建設年度、老朽化度などを一覧できることを目的に、公共施設等総合管理計画と合わせて民間事業者向け不動産カタログに当たる固定資産台帳を作成させた。

まさに安倍内閣が総力を挙げて民営化を推進しているのだ。その民営化は主権者の利益増大のためのものではない。収益機会が乏しくなってきた巨大資本がリスクを伴うことなく高いリターンを得られる、濡れ手に粟のビジネス機会を獲得するための施策である。こうした、民営化という名の官業払い下げ、営利化が推進されている。

民営化を行うメリットとして、事業の効率化、生産性の上昇が叫ばれるが、民営化で事業の効率が高まるわけではない。企業がむさぼる利潤の分だけ、確実に高い価格が消費者に提供されるだけである。公的管理下において事業を行う場合、効率が下がりやすいという批判、弊害にどのように対応したらよいのか。答えはすでに示したように、市民による公的事業に対する監視の体制を強化することである。

事業の現状を開示し、市民が改善の提案を行うことのできる仕組みを構築する。資金調達についても、民間企業よりも公共団体のほうが信用度は高いから、民営化では資金調達コストが高くなる。老朽化した設備は自治体が債券を発行し、資金調達し、この資金で公共インフラを整理すればよいのだ。民営化しなければならない理由は存在しない。

結局、現在の日本は、天下り利権を追求するシロアリ、日本全体を収奪しようとするハゲタカ、そして、政治と癒着することによって、民営化等による超過利潤で私腹を肥やそうとするノミ、シラミ、ダニなどの悪徳人種によって蝕まれているということなのだ。

ノーベル賞学者のジョセフ・スティグリッツ氏は世界銀行のチーフエコノミストを務めた経験を有する。スティグリッツ氏は、ＩＭＦや世銀が多用した「民営化」プロセスの内情を目の当たりにしてきた。

スティグリッツ氏は、民営化のことを正確に表現すれば「賄賂化」ということになると指摘している。ジャーナリストのグレッグ・パラスト氏はスティグリッツの指摘を以下のように紹介している。

「国家のリーダーたちは、自国の産業を売り払うことに抵抗するどころか、世銀の要求を盾にして国内の反対派を黙らせ、喜んで電力・水道会社を売り払った。国家財産の売却価格をほんの数十億ドル差し引くだけで、スイスの銀行口座に10パーセントのコミッションが振り込まれる。その可能性を示唆されると「彼らの目が輝くのがわかった」そうだ。」

(『金で買えるアメリカ民主主義』、角川書店)

民営化や特区という利権に群がる政商活動を行う政商納言の跳梁跋扈により、日本全体が蝕まれている。

不公正なＴＰＰプラス交渉をやめる
～売国的自由貿易協定からの離脱

◎ＴＰＰで日本農業は壊滅的打撃を受ける

２０１２年12月の総選挙、安倍自民党は「ＴＰＰ断固反対」と大書きしたポスターを貼り巡らせて選挙戦を戦った。いかなる言い訳を並べたとしても、「ＴＰＰ断固反対」と大書きしたポスターを貼り巡らせた事実を否定することはできない。

当時、自民党は野党だった。自民党は「ＴＰＰについての考え方」と題する公式見解を公表した。そこには次のように記されていた。

「我が党は、政府が11月と同様に二枚舌を使いながら国民の知らないところで交渉参加の条件に関する安易な妥協を繰り返さないよう、政府に対して上記の判断基準に沿うことを強く求めていきます。」

この資料には次のように列記されていた。

「自民党はＴＰＰ交渉参加の判断基準を明確にしています。

ＴＰＰ交渉参加の判断基準

①政府が、「聖域なき関税撤廃」を前提にする限り、交渉参加に反対する。
②自由貿易の理念に反する自動車等の工業製品の数値目標は受け入れない。
③国民皆保険制度を守る。
④食の安全安心の基準を守る。
⑤国の主権を損なうようなＩＳＤ条項は合意しない。
⑥政府調達・金融サービス等は、わが国の特性を踏まえる。」

①の『「聖域なき関税撤廃」を前提とする限り、交渉参加に反対する』の意味は、コメ・麦・砂糖・肉・乳製品の５つを重要5品目として、この重要5品目の関税を守るという意味であった。しかしながらＴＰＰ交渉で、この品目にかかるタリフラインで、関税率が完全に守られたものは1品目も存在しない。このことは、日本の農業が今後壊滅的な打撃を被る可能性が高いことを意味している。

「政府調達・金融サービス等は、わが国の特性を踏まえる」というのは、地方自治体が行う公共事業等において、それぞれの自治体に存在する地元の事業者を優先して事業にあたらせるといった配慮を維持すること、そして郵貯、かんぽ等の、国民と密接に関わりを持つ金融サービスについては、その歴史的な経緯を踏まえて事業環境を守ることを意味していた。ところがＴＰＰによって公共事業における自治体内部の企業への優先的な事業発注は排除され、郵政に対する法的保護も排除せざるを得ない状況に立ち至っている。

自動車等の数値目標を受け入れないとしていたが、日本はＴＰＰ交渉に参加する際に、米国との間で行った事前協議において数値目標の設定を飲まされている。今後、医療の自由化が進展する暁には、すべての人に、いつでもどこでも必要十分な医療サービスを提供する国民皆保険制度の根幹が崩壊することが予想されている。そして私たちの命や健康の問題に直結する食の安全・安心の基準が、急激に破壊されつつある。

米国が当初のＴＰＰ12から離脱したことによって、ＴＰＰの発効は不能になった。ＴＰＰ協定は、12カ国のすべての参加国が2年以内に協定を批准することを求め、この批准によってＴＰＰが発効することを定めていた。同時に、2年以内にすべての参加国が批准できない場合、参加国の国内総生産（ＧＤＰ）の85％以上を占める少なくとも6カ国が手続きを完了すれば、60日後に発効するとしていた。

ところが、米国が離脱すると、米国以外のすべての国が批准しても、ＧＤＰ85％の基準をクリアできない。このことから、米国離脱によってＴＰＰは死んだはずだった。

ところが、既述したように、ＴＰＰ最終合意文書を確定するために批准を急ぐとしてきた安倍内閣が、ＴＰＰ最終合意文書の内容変更の先頭に立った。そして、日本の国益をすべて放棄する対応を示しながら、米国抜きのＴＰＰ11での合意形成を主導した。恐るべき亡国外交だった。

このＴＰＰ11（米国抜きのＴＰＰ）が２０１８年12月30日に発効。ＴＰＰを上回る譲歩も辞さずとして売国交渉を加速させた日欧ＥＰＡ（経済連携協定）が２０１９年２月１日に発効した。さらに安倍内閣は、ＲＣＥＰ（東アジア地域包括的経済連携）をも「ＴＰＰプラス」として早期発効に誘導しようと、亡国・売国の経済外交暴走街道を突き進んでいる。

米国を支配する巨大資本に支配されている日本のマスメディアは、ＴＰＰや日欧ＥＰＡについて、これを礼賛する情報しか流さない。「ＴＰＰ発効、日欧ＥＰＡ発効により、外国産の牛肉を安い価格で食べられるようになる」、「欧州産のワインの国内販売価格が下がる」「海外のチーズなどの乳製品が安く供給される」などのバラ色に染め抜いた報道を展開している。しかしながら、このＴＰＰが日本の主権者にとって重大な災厄になるという決定的に重要な事実を伝えない。

問題は広範に広がっているが、端的に3つの重大問題を指摘しておこう。

第一は、日本の農業が壊滅的な打撃を受けることがほぼ確実であるということだ。農業は私たちの生存に欠かせない食糧を供給する、安全保障上も重大な産業分野である。一国を支配するには、食糧を支配してしまえばよい。食糧はまさに安全保障上の最重要戦略物資なのである。

東京大学農学部の鈴木宣弘教授によれば、農業生産額に占める公的な補助金の比率は、実は日本が最も低い。2012年の推計値では、イギリス63・2%、アメリカ75・4%、フランス44・4%、ドイツ60・6%に対し、日本は38・2%である。

国民の生存に関わる重要な農産品にかかる関税を撤廃することに対し、農業者が反対ののろしを上げると、メディアは「これまで政治権力と癒着し、過保護に慣れきった業界が抵抗している」としか伝えない。しかし、農業は私たちの命の源になる食糧を供給する重要産業である。

諸外国はこの農業を守るために巨大な補助金を投入している。さらに、農業を戦略的な輸出産業として位置づけている米国でも、農業生産額の半分以上の補助金が投入されているのだ。戦略的に極めて重要な、根幹となる産業であるからこそ、政府はこの産業を守るために巨大な補助金を投入している。補助金が投入されない日本において関税が撤廃されれば、多くの生産分野において生産壊滅という打撃を受けることは間違いない。

日本は肉の関税を一気に引き下げることを強要されることになった。牛肉においては、現在、ＴＰＰ発効まで38・５％であった関税率が、16年目からは９％に引き下げられる。豚肉においては、キロ当たり４８２円の関税が、ＴＰＰ発効と同時に１２５円に引き下げられ、10年目からは50円に引き下げられることになる。日本の畜産業が壊滅的打撃を受けることは間違いない。

このように、日本の輸入において関税率の引き下げが強要される一方で、日本の最大の輸出品目である自動車については、米国が関税率を引き下げないことが決定された。２０１９年４月27日の日米首脳会談で、トランプ大統領が「米国は日本からの自動車輸入に関税をかけていない」と発言した。

これに対し安倍首相が、「米国は日本からの自動車輸入に対し２・５％の関税を残している」と反論した。しかしながら、これはまったく的外れな反論だ。普通乗用車の関税率は２・５％だが、ライトトラックの関税率は25％である。米国の自動車出荷額においては、ライトトラックが乗用車を上回っている。

世界の自動車市場において、主力の売れ筋車種はSUVである。このSUVは、ライトトラックのカテゴリーに分類されており、このカテゴリーの自動車については25%という高率関税が設定されている。

安倍首相はトランプ大統領の「日本からの自動車輸入に関税を設定していない」の発言に対し、間髪を開けずに「SUVでは25%の高率関税が課せられている」と反論しなければならなかった。トランプ大統領に事実を指摘することができなかったのか、あるいは安倍首相が単なる無知であったのか、理由は判然としないが、このような外交交渉では、日本の利益が損なわれるばかりである。

日本のTPP交渉への参加を認めてもらうために2013年に行われた日米事前協議で、日本は驚くべき譲歩を示した。日本から米国への自動車輸出にかかる関税について、普通乗用車の2・5%の関税は14年間、ライトトラックの25%の関税は29年間、米国が引き下げないことを受け入れたのである。しかも、この決定は、米国が日本に要求したものではなく、日本が自主的に決定した事項とされた。絵に描いた売国交渉だが、この事実を大手メディアは一切伝えることがない。

◎食の安全が完全に崩壊する

日本の農業が壊滅的打撃を受けるなかで、日本政府が率先して動いた重要行動があった。それが主要農作物種子法廃止である。コメ・麦・大豆の主要農作物については、その種子の保全、開発に地方公共団体が全面的に関与してきた。このことにより優良品種の種子が適切に管理されるとともに、安価に農家に供給されてきた。ところが米国を支配する巨大資本の重要関心事に、種子市場における利益拡大が存在する。あくなき利益を追求するハゲタカ資本にとって、日本の主要農作物種子法は邪魔以外の何物でもなかった。米国は日本政府に圧力をかけて、この種子法を廃止させたのである。

同時に種苗法の運用改定も進行している。農家の自家採種については、これまで原則としてこれを認める運用がなされてきたが、日本政府はこの運用方針を全面的に転換しようとしている。農家の自家採種を原則禁止する方向に運用を変え、法改定に突き進む様相を示している。

種子の育種権者の知的所有権を保護するためのＵＰＯＶ条約を、日本は批准している。知的所有権を守るために育種権者の権利を保護するための条約である。しかし一方で、日本は食料・農業植物遺伝資源条約も批准している。この条約には農業者の権利が明記されている。

「第9条　農業者の権利　9・3　この条のいかなる規定も、農場で保存されている種子又は繁殖性の素材を国内法令に従って適当な場合に保存し、利用し、交換し、及び販売する権利を農業者が有する場合には、その権利を制限するものと解してはならない」。

つまり、農業者の種子の利用の権利を、この条約が保証している。

ところが安倍内閣が推進している現在の方針は、農業者の権利を剥奪し、種子の利用をハゲタカ資本に独占させようとするものである。種子ビジネスはいまや巨大産業と化している。その巨大産業にとって日本の種子市場は極めて魅力的な存在である。日本では、主要農作物の種子を公共管理し、農業者に安価で優良な種子を提供する公的活動が営まれてきたが、種子ビジネスを手掛ける巨大資本にとって、この制度はハゲタカ資本の利益を阻害する、最大の邪魔な存在である。これをTPP等のてこを用いて取り払いつつある。

もうひとつの看過できない問題が、食の安全・安心が、なし崩しで破壊されつつあることだ。遺伝子組み換え（＝GM）食品の危険性は動物実験によって確認されている。フランスのカーン大学の実験で、2年間ネズミにGM食品を食べさせたところ、ネズミががんだらけになったとの結果も示されている。食品の安全性検査においては3カ月間ＧＭ食品を食べさせた結果によって判断されるため、長期的な影響が見落とされてしまう。

危険な農薬、あるいは危険性が高いと考えられる遺伝子組み換え食品についての考え方として、安全性が確認できるまでは食べない、あるいは、極めて慎重に扱うことが求められる。これが「予防原則」に基づく行動だ。ところが、遺伝子組み換え食品、毒性の強い農薬と、その農薬に耐性を持つＧＭ種子の製造メーカーは、ＧＭ食品を浸透させるために「科学主義」を盾にする。

「科学主義」とは何か。「科学主義」とは、「どれだけ人が死んでいようが、因果関係が『科学的に』特定されるまでは規制してはいけない」というものだ。そして、その「科学的な」立証のハードルは人為的に極めて高く設定される。巨大資本は研究機関に対して、資金力でこれを支配下に置く手法を採ってきた。遺伝子組み換え食品が有害性を持つとの実証研究が行われ、危険性を示す研究結果を公表しようとすれば、その研究者を突然解雇するなどという、あからさまな妨害工作が行われてきた。

彼らは、「科学的に」因果関係が立証されていない物質に対して、安全性を懸念する見解を「非科学的」と非難する。しかし、この姿勢こそ「非科学的」である。「科学的に」

立証されないまでの間、因果関係は確定されないが、因果関係があるという疑いが残る。「予防原則」に立つ行動とは、その疑いが晴れるまでは摂取しない、あるいは、極めて慎重に扱うというもので、こちらのほうが、はるかに論理的整合性を持つ、「科学的な」姿勢である。

ＧＭ食品だけでなく、成長ホルモン、牛や豚の餌に混ぜる成長促進剤ラクトパミンなども、「予防原則」のＥＵは、米国からどれほど圧力をかけられても、これを跳ね返すが、米国に言いなりの日本、とりわけ安倍内閣は、食の安全・安心の基準を次から次に積極的に破壊している。ラクトパミンについては、ＥＵだけでなく、ロシアや中国でも国内使用と輸入が禁じられている。

問題は、遺伝子組み換え食品自体が発がん性などの有害性を持つことだけにとどまらない。遺伝子組み換え種子を開発する主たる動機は、強い毒性を持つ農薬に耐性を持つ種子、作物を開発することである。つまり、遺伝子組み換え種子の開発メーカーは、種子とセットで強い毒性を持つ農薬を販売している。

農家は強い毒性を持つ農薬に耐性を持つ遺伝子組み換え作物の種子を畑に蒔き、その生育に際して強力な除草作用を持つ農薬を散布する。すべての植物は農薬の毒性によって息の根を止められるが、遺伝子組み換え作物だけは生育する。しかしながら、ひとたびこの農薬を散布した畑においては、遺伝子組み換え種子以外の農作物は生育不能になる。農業者は半永久的に、遺伝子組み換え種子と強力な毒性を持つ農薬の抱き合わせ販売のアリ地獄に引き込まれることになる。

米国のカリフォルニア州で、毒性の強い除草剤「ラウンドアップ（Roundup）」を30年間使用してがんを発症したとして、同州在住の夫婦がモンサント社に対し損害賠償請求訴訟を提起した。カリフォルニア地方裁判所はモンサント社（バイエル社）に対し３２０億円の損害賠償を命じる判決を下した。この裁判所判決により、株価が急落した。モンサント社はすでにドイツの化学企業バイエルに買収されており、バイエルの株価が急落したのである。ところが、日本ではこの毒性を持つ除草剤「ラウンドアップ」がホームセンターでも市販されている。米国を支配する巨大資本の言うがままに、日本の規制は大幅に緩和されているのだ。

バイエル社は世界的な製薬メーカーでもある。GM食品、毒性の強いグリホサートなどの農薬は、深刻な健康被害を生み出すのではないかと懸念されている。深刻な健康被害が発生すれば、製薬会社の出番である。究極のマッチポンプとも言えるが、バイエルによるモンサント買収は、21世紀を代表する悪魔のビジネスモデル構築ではないかとの批評も生まれている。

成長ホルモンの使用は、欧州、中国、ロシア、カナダで禁止されている。しかし、米国、そしてオーストラリアでは認められている。牛肉の輸入関税率引き下げにより、米国産あるいは豪州産の牛肉が大量輸入され始めている。分厚いステーキが安い価格で食べられるとの賞賛情報が流布されているが、成長ホルモンの強い発がん性が疑われている。日本においても乳がんの発生率が急激な上昇を示しているが、米国産牛肉の輸入増大と深い因果関係があると考えられる。

ラクトパミンについては、欧州、カナダだけではなく、中国、ロシアでも使用が禁じられているが、日本では米国産あるいは豪州産牛肉の輸入が野放し状態である。豪州はEU向けには成長ホルモン、ラクトパミンを使用しないが、日本向けについては使用していると見られる。

また、米国から輸入するカリフォルニアオレンジ、グレープフルーツ、マンゴーは、時間が経っても腐りもせず、あまりカビが生えたようにも見えない。摩訶不思議である。謎を解くカギは、収穫後に大量投与されている防カビ剤イマザリルにある。この防カビ剤イマザリルの毒性も強く警戒されている。

赤道を越えて日本に船で輸送される海外のフルーツが、日本に入荷されてもなお、長い期間腐りもせず、見た目にはカビも生えないことを不思議と考えなければならない。その裏側には有害性が強く警戒されるイマザリルの存在がある。

日本では収穫後果実等への防カビ剤使用が禁止されている。このため、米国から輸入したレモンから防カビ剤が検出され、不合格とされたことがある。これに米国が激怒して、収穫後の防カビ剤投与を農薬の使用ではなく、食品添加物であると扱いを変えて、輸入を認めることにしてしまった。その結果として、現在、輸入果実等に防カビ剤イマザリルが投与されている。

しかし、日本の食品表示規制で、添加物としてイマザリルの表示が義務づけられている。米国はこれが「差別」にあたるとして、表示義務の撤廃を求めている。日米ＦＴＡで表示義務の撤廃を日本が飲まされる可能性が高い。

◎国家主権を失い、国民皆保険制度も破壊される

ＴＰＰプラスの第三の問題は、ＩＳＤ条項である。

日本でのビジネスに投資した資本が、日本の制度により損害を被ったことを、世界銀行傘下の仲裁廷に提訴する。仲裁廷は原告、被告、そして仲裁者の３人による審理を行い、結論を示す。原告、被告の代理人となる法律専門家は極めて数が限られており、その大半が、グローバルに活動する巨大資本との取引関係を深く持つ。結論がグローバルに活動を展開する巨大資本、ハゲタカ資本の意向に沿うものとなることは、想像に難くない。

そして、この仲裁廷が下した判断に対し、国家といえども異議を申し立てることすらできなくなる。つまり国家の上にこの仲裁廷が位置することになる。ＴＰＰへの参加は、すなわち国家主権の喪失そのものなのである。

このＩＳＤ条項については、ＮＡＦＴＡ（北米自由貿易協定）の再交渉で、条項の元祖主導者であった米国が、ＩＳＤ条項を否定する激変を示した。米国内においても、ＩＳＤ条項の主権抑圧が重大な問題として取り上げられるようになった。最終的に米国とカナダの間でＩＳＤ条項が完全に削除され、米国とメキシコの間でも対象を制限したものになっ

た。

米国抜きのTPP11合意形成の過程で、参加国の多くがISD条項への否定的態度を明確にしたが、日本の安倍内閣だけがISD条項推進の旗を振った。日米FTAで米国がどのような姿勢を示すのかは不明だが、日米FTAにISD条項が盛り込まれる場合には、米国企業が被害を受ける可能性は低く、日米間の協定においてはISD条項を存続させるのが有利であると米国が判断する可能性はある。日本は対米外交で、米国の言いなりの姿勢を貫いているため、今後の交渉推移から目を離せない。

日本のTPP、日欧EPA参加により、日本の農業が崩壊し、日本の食の安全・安心が崩壊する。医薬品の価格自由化が推進され、医療機器の価格自由化も推進されている。公的医療保険財政の収支は悪化し、公的保険医療がフルサービスを提供できなくなる。そうなると、医療は公的保険医療サービスと非公的保険医療サービスの二本立てになる。金持ちだけは任意で加入する民間医療保険によってフルサービスの医療を受けることができるが、一般市民は、フルサービスではない公的保険医療サービスしか受けられない時代が到来することになる。医療の分野にも冷酷な巨大格差が埋め込まれることになる。

すべての国民が、いつでもどこでも必要十分な医療を受けられるという日本の国民皆保険制度の特色が、名実ともに近い将来崩壊することになる。人体を蝕む懸念が大きい米国産牛肉ステーキを安価に食べられることと引き換えに、日本の国民が失うものは計り知れない。日本の農業、畜産業、酪農が崩壊するなかで、欧州産のワインがわずかに値下がりすることに拍手を送っている場合なのか。メディアが流布する「操作された情報」だけに接していれば、知らぬ間に、私たちは脱出することの出来ない地獄に閉じ込められることになる。この事態を回避するために、私たちは真実の情報を掴み、政治的行動を拡大しなければならない。

利権政治温床の財政構造を変える
〜プログラム支出基軸の予算編成に

◎利権政治の温床となる裁量支出基軸の予算編成

私たちが目指すべき方向は、現在の安倍政治が進行している方向と、完全に真逆である。公的に管理すべき事業は公的管理下に置くべきである。リスクのない公的事業における法外な独占利潤を、政治権力と癒着する資本に提供することは、汚職そのものだ。予算編成において拡大するべき対象は社会保障である。その財源として活用すべきであるのが、巨大な利権支出だ。

財務省は、利権支出の決定こそ権力の源泉であると考えている。同時に、この利権支出の支出先が天下り先なのである。利権政治勢力は、利権支出を拡大することによって、そのキックバックを懐に入れる。法令上、収賄に該当しない形で不法利得を獲得する。

この利権支出に関与する人々が、利権政治勢力の主たる支持者である。現在の日本の選挙においては、主権者の半分が投票権を放棄している。投票所に足を運ぶ主権者の半分弱が自公の与党勢力に投票しているが、この4分の1勢力が、利権支出に多かれ少なかれ関与する人々であるのだと考えられる。彼らは自らの利益のため、自らの利権を維持するために与党勢力に投票する。

こうした選挙事情、政治構造があればこそ、政治権力はその権力基盤を維持するために利権支出をなお拡大させようとする。そのために社会保障支出を切る。利権支出を拡大するためだ。年間100兆円の予算規模がありながら、日本の社会保障の水準が極めて貧困であるのは、財源の多くが利権支出に振り向けられているからである。

社会保障支出は、制度が確定すれば支出が自動的に決定される部分が大きい。このことから社会保障支出をプログラム支出と呼ぶ。これに対し、財務省がさじ加減を働かす、利権政治屋が口利きを行うのが利権支出であり、これを裁量支出と呼ぶ。

一般会計と特別関係の経費別純計を見ると、その他支出が29・7兆円、地方交付税交付金が19・1兆円ある。約50兆円の政策支出が存在する。このなかの6・9兆円が公共事業関係費、文教および科学振興費が5・4兆円、防衛関係費が5・2兆円である。本当に必要なインフラは整備するべきであるが、車も走らない、人も通らない道路を整備する必要はない。

安倍内閣の政治私物化の一端が、安倍内閣の国土交通副大臣の口から発せられた。２０１９年４月７日に行われた福岡県知事選挙での応援演説のなかで、その言葉は発せられた。塚田一郎国土交通副大臣は、麻生太郎氏が擁立した福岡県知事候補者の応援演説で、次のように述べた。

「みなさんよく考えてください。下関は誰の地盤ですか。安倍晋三総理ですよ。安倍晋三総理から、ね、麻生副総理の地元でもある北九州への道路の事業が止まっているわけですよ。」

「吉田（自民党参院）幹事長が私の顔を見たら、『塚田、わかっている？　これは総理と麻生副総理の地元の事業なんだよ』と。『俺が、何で来たと思うか』と言うんですね。私すごくものわかりがいいんです。すぐ忖度する。『わかりました』と。」

「それでですね、この事業を再スタートするためには、いったん国で調査を引き取らせていただくことになりまして、ま、これを今回の新年度の予算に、国で、直轄の調査計画に、引き上げました！」

塚田副大臣は「国土交通副大臣ですから、ちょっとだけ仕事の話をさせていただきます」と述べて、この話をした。塚田国土交通副大臣の「仕事」とは、麻生財務相、安倍首相の地元の道路事業に予算をつけることだったのだ。

この道路は、山口県下関市と福岡県北九州市の間を結ぶ巨大な橋をかける下関北九州道路である。下関市と北九州市とを結ぶ道路は、すでに2本造成されている。3本目の海峡をまたぐ道路を建造したところで、自動車も通らない遺跡になることは確実である。このような事業がなぜ求められるのかといえば、土木・建設事業者の収入になるからである。

巨大な予算が計上され、事業が実施されれば、事業者の売上が増加する。その売上の一部が利権政治勢力に還流する。結局、予算を私物化し、予算を私腹を肥やす種として使っている。これが日本財政の根本的な問題である。

◎利権支出の10兆円を削り、社会保障支出に充てる

防衛予算に5・4兆円もの資金が投下されている。トランプ大統領が日本に来ただけで、オスプレイを100機買うとか、1機100億円のファントムF36Bを100機買うとか、1兆、2兆の予算計上が無造作に行われている。このような支出こそ、真っ先に切るべき

支出である。

日本の半導体メーカーが競争力を失い、倒産の危機に瀕した。経済産業省が乗り出し、国民の血税を投入して死にかけた半導体企業を無理やり再生させようとした。しかし、経営力もなく、技術力もなく、日本企業は衰退の一途をたどっている。こんなところに国民の税金を使うべきではない。

市場原理重視、競争重視と言いながら、なぜ特定の産業、特定の企業を救済するために数千億円単位の血税を投入するのか、まったく筋が通らない。

政策経費30兆円、地方交付税交付金20兆円、合計50兆円の財政支出の少なくとも2割を切ることは容易にできる。かつて民主党政権が、事業仕分けという学芸会の出し物のような演出を施したが、このような茶番では何も前に進まない。

無駄な支出を切るのであれば、政治家が主導して決定すればいいのである。その決定を各省庁の職員に執行させる。これが行政の役割である。ある企業が企業内の改革を進めるのであれば、経営トップが判断し、それを各部署に指揮命令して実行させる。これが組織の正しい動き方である。

かつての民主党の事業仕分けは、企業のトップが現場の担当者に「このような改革を進めてもよいでしょうか」とおうかがいを立て、現場の担当者が「それはできません」と回答する図式と同じものである。

50兆円の財政支出に、政府が実行する必要のない支出が大量に含まれている。これを10兆円切り、その10兆円をそのまま社会保障支出の拡充に充てれば、主権者の生活は一変する。

日本の社会保障支出では、年金、高齢者医療、介護にほとんどが消えている。子育て、教育、失業、そして生活保護、障がい者保護に支出のウェイトを大きくシフトさせるべきだ。これらの社会保障支出は、制度を設計すれば自動的に支出が確定するプログラム支出である。

裁量支出を排除し、プログラム支出を拡充する。これが財政運営の透明化であり、財政運営における金権腐敗体質の除去である。

安倍内閣は「小さな政府」の言葉を使うが、実態は、金権腐敗体質排除と真逆の方向に向かっている。金権腐敗と表裏一体の裁量支出だけを拡大し、社会保障支出を切る。他方で権力と癒着《ゆちゃく》する民間資本に不当な独占利潤利権を供与する。民営化と称する公的事業の営利化が推進されている。

「小さな政府」という言葉で騙されてはいけない。小さな政府には、よい小さな政府と、悪い小さな政府がある。利権支出を切り、社会保障支出を拡充する。そして公的管理下に置くべき公的事業を、確実に公的管理の下で執行する体制を整える。これが日本の財政構造改革最大の課題である。

第３章

日本を蝕む５つの深層構造

米国による支配という戦後日本の基本構造

◎米国を支配する巨大資本のための政治を推進する安倍内閣

私たちのこの国をどのようにつくり直せばよいのか。日本国憲法は根本原理として国民主権を定めた。国民が主人公である。私たち市民が、私たちの手によって、私たちのための国をつくる。私たちのための政治をつくる。これが戦後日本の基本原理である。

ところが、この原理から離れて政治が私たちの手元から遠ざかってしまっている。少数の人々が政治を支配し、政治を私的な利権としてしまっている。主権者である私たち全員が政治に参加し、私たちの意志を現実の政治に反映しなければならない。安倍政治が長期にわたって持続しているが、その根本原理は、米国を支配し、そして日本を支配している巨大資本の利益を極大化するための政治の実現になっている。その具体的な表れとして、米国に対する隷属、米国軍産複合体のための戦争遂行態勢の整備、さらに資本の利益を極大化するための弱肉強食経済の構築が推進されている。

この基本構造を変えることが必要だ。日本を支配する巨大資本のための政治ではなく、日本の国民、主権者である私たちの利益を追求するための政治に変えなくてはならない。その基本の第一は、対米従属からの脱却だ。対米隷属を排し、日本の自主独立、自立を実現する。

日本は米国にとっての戦利品である。日本が対米隷属、恭順の意を示しているために、米国による日本支配のくびきから脱却することは容易でない。米国への隷従のくびきから脱却しようとした為政者が存在する。しかし、これらの為政者はことごとく人物破壊工作の標的とされてきた。政治家としてもっとも安易な道は対米隷属の道である。日本を支配する米国の支配者の意志に従っていれば、政治的にも、社会的にも、経済的にも我が身の安泰を図ることができる。そのために、圧倒的多数の政治屋が対米隷属の道に突き進んできた。

しかし、このくびきから逃れないかぎり、日本は自立を果たせない。いまなお日本は真の独立を勝ち取っていない。そして米国に隷従する政治屋が、日本の戦争遂行体制整備に勤しんでいる。日本は敗戦後、「戦争をしない国」になったが、この日本を、再び「戦争をする国」に回帰させようとしている。

現代の戦争は「必然」によって生じるものではない。現代の戦争は「必要」によって生じている。誰の、どのような必要であるかは明白である。米国の軍事支出は年間5000億ドルを超える。日本円にして55兆円という巨大な規模である。その3分の2は人件費であるが、3分の1強は軍事産業への支出である。

巨大な軍事産業は、戦争なくして存続し得ない。軍産複合体の産業事情という必要によって戦争が創作されている。その米国軍産複合体への大量発注が日本政府に課せられた責務である。安倍内閣はトランプ大統領の命令に服従して、豆腐を買うかのように、米製の欠陥戦闘機や欠陥ヘリコプターを1兆、2兆と購入することをランチの会話で確約する。こんな便利な客はいない。この利益を踏まえれば、「シンゾーはグレイトだ」などの社交辞令を乱発することなどお安い御用である。

資本が利潤を極大化するためには、労働コストの最小化が何よりも重要である。経済運営の中心に市場原理を据えて、弱肉強食を容認する経済政策を推進するのは、言うまでもなく資本の利益を極大化するためである。

安倍内閣は、米国に隷従し、米国の支配者である巨大資本の利益のために行動している。

米国の支配者に隷従するかぎり、政治的、社会的、経済的に身分が保障される。森友疑惑や加計疑惑のように、証拠が明白な、重大な刑事犯罪に該当するような事案に手を染めても、米国に隷従していることで、重大な局面に追い込まれない。

しかし、このような政治の現況は日本の主権者の利益に反するものである。この現状を変えることが日本の主権者の最大課題である。主権者である私たちが変えなければ、日本の対米従属、対米隷属は永遠に変わることがないだろう。

◎米国の占領政策転換を起源とする日本民主化の挫折

いつから、そしてどのような経緯を経て、この国は米国に隷従する道を歩むことになったのか。第二次大戦での敗戦以降、一貫して対米隷属、対米追従の道が運命づけられていたのか。私たちは戦後史を再検証する必要がある。

孫崎享氏のベストセラー『戦後史の正体』（創元社）が戦後史の真実に光を当てた。義務教育や高等教育において歴史を学ぶ機会はあるが、現代史に時間が割かれることはない。戦後の日本は民主化され、その延長上に現在があるとしか教えられていない。しかし、これは戦後史の真実ではない。私たちは戦後史の真実を正確に知り、そのうえで日本自立の道を探らねばならない。

日本国憲法は1946年11月に公布され、1947年5月に施行された。戦後日本の骨格を定めたのは、この日本国憲法である。しかしながら、この日本国憲法を安倍首相は徹底して毛嫌いしている。日本国憲法は国務大臣の憲法尊重擁護義務を定めているが、安倍首相は公然とこの憲法を批判する。内閣総理大臣による憲法批判は、憲法違反のそしりを免れない行為である。

その一方で、安倍政治を批判する者が日本国憲法を尊重、擁護している。日本国憲法は敗戦後の日本で米国が主導的役割を果たして制定されたものである。ところが、対米従属からの脱却、日本の自立を強く主張する者が、日本国憲法を尊重、擁護し、対米従属の政治を行う者が、この日本国憲法を排除しようとしているという現実がある。

対米従属からの脱却、日本の自立を唱える者が、米国が主導して制定した日本国憲法を擁護し、対米従属だと批判される安倍首相およびその同調者が日本国憲法の改定を唱えるのは、矛盾だという指摘がある。

しかし、この指摘は、敗戦後日本の最重要の屈折点の存在を認識していないことに起因する誤判断である。敗戦後の日本に重大な屈折点があった。日本国憲法は１９４７年５月に施行されたが、日本国憲法は、その重大な屈折点をまたぐかたちで公布、施行された、極めてナイーブな存在なのだ。

日本国憲法の制定が1年、あるいは半年遅れていたなら、日本国憲法の内容はまったく違うものになっていた可能性が高い。基本的人権の尊重も、平和主義の規定も、十分には確立されなかったであろうと思われる。日本はより鮮明に、米国の完全支配下に置かれる存在になっていたと考えられる。

戦後民主化を象徴するいくつかのドラスティックな政策遂行があった。財閥解体、農地解放、労働組合育成などである。これらの改革が一気呵成に成し遂げられ、その集大成として日本国憲法が制定された。最終的には日本の国会で審議され、日本の国会の議決によって制定されたものである。

この日本国憲法制定を主導したのがGHQである。そのGHQにおいて主導的な役割を果たしたのが、GS＝民政局である。ケーディス、ホイットニー、マッカートの人物に代表される、いわゆるニューディーラーと呼ばれる人々が、敗戦後日本の骨格を構築した。彼らは、白地のキャンバスに新しい民主主義のモデル国家を描き出すかのように、大胆な改革を推進した。その日本改革の集大成が日本国憲法であると言ってよい。

ただし、天皇の戦争責任を不問に付した。天皇制を存続させることが日本統治を容易にするとの判断が持たれたからである。

天皇制の是非について、国民的な議論が求められる。敗戦後に日本は戦争責任を総括しなかった。敗戦を終戦に言い換え、「一億総懺悔」の言葉で、戦争責任を曖昧に処理してしまった。GHQによる戦犯容疑者への対応も、米国の占領政策方針の抜本変更と連動して、著しく政治化されてしまった。米国による日本支配戦略の視点から、米国のエージェントになり得る人物を免責し、釈放してしまったのだ。

その天皇制を、現在は安倍内閣が政治利用している。明治維新の契機となった鳥羽伏見の戦い以来、政治権力は徹底して天皇の政治利用の路線を貫いている。これを「長州レジーム」と表現することもできるだろう。

日本国憲法は、GSが主導するGHQが主導的役割を担って制定されたものである。天皇制を存続させたことを除けば、世界でも類例を見ない斬新な原理を明記する憲法が制定された。国民主権、基本的人権の尊重に加えて、他国に類例を見ない戦争放棄＝平和主義が憲法に明記された。敗戦後日本が生み出した最大の世界遺産と言って過言ではない。

しかしながら、このような日本国憲法の誕生は、時間的視野で見れば、間一髪で不可能であったと考えられる。日本国憲法が施行された１９４７年5月には、すでに米国の対日占領政策の基本方針が日本国憲法とは相容れぬものに転じてしまっていた。

ＧＨＱの対日占領政策の基本方針は、１９４７年前半に劇的な転換を演じた。米国の外交路線の根幹が、冷戦への対応に転換したのである。「ソ連封じ込め」が米国外交政策の根本に置かれ、これに連動して、対日占領政策の基本方針が転換された。終戦直後の徹底した日本民主化措置は、米国外交の基本方針と相容れぬものになった。日本の民主化貫徹路線は、日本を社会主義国に転換させることにつながりかねない可能性をはらむものだった。米国の外交政策転換は、これを阻止する方向に対日占領政策を転換させた。

１９４６年の総選挙を受けて日本で誕生したのは、片山哲内閣であった。社会党党首が内閣総理大臣に就任した。47年に入り、米国の外交政策は、共産圏との対峙に転換した。これに連動して対日占領政策の根幹が、民主化から非民主化に転換した。

日本を徹底した民主主義国家として育て、農業を主軸とする低成長国家として育成する路線は廃棄され、日本における思想統制、反共化、非民主化と同時に、日本の重工業育成政策が新たに採用されることになった。ＧＨＱの主導的役割を担う部署は、ＧＳ（民政局）からG2（参謀第2部）に差し替えられた。これに連動して対日占領政策の基本方針が大転換したのである。徹底した民主化路線、そして、平和主義路線は崩壊した。

◎1947年からの「逆コース」が現在まで続く

1947年に施行された日本国憲法は、平和主義を根本原理のひとつに位置づけたが、このときすでに、米国の対日占領政策は、日本国憲法と齟齬をきたしていた。1950年に朝鮮戦争が勃発したが、米国は日本の再軍備、産業強化に路線を転換した。同時に民主化政策に制限をかけて、日本を米国の完全支配下に置くための行動を一気に強めたのである。

米国が支配する日本を構築する上で米国が選抜した日本の協力者が吉田茂氏と岸信介氏である。吉田茂氏も公職追放候補のリストに掲載されていた人物であったが、公職追放を実施する際のGHQとの折衝窓口任務を担ったのも吉田茂氏である。

拙著『日本の独立』（飛鳥新社）でも紹介したが、歴史学者の春名幹男氏が著書『秘密のファイル―CIAの対日工作（上・下）』（共同通信社）に吉田茂氏と米国との関わりを詳しく記述している。以下に再録する。

吉田氏は最高司令官マッカーサーに特別の対応を示した。吉田茂外相は１９４６年1月12日付のマッカーサーに宛てた書簡で、追放指令に伴う内閣改造の「機密」情報を事前に漏えいした。こうしたＧＨＱへの信義則違反ともいえるサービス、忠誠が吉田茂氏の追放を阻止する重要な手段になったと見られるのである。

春名幹男氏の記述によると、吉田茂氏自身が公職追放リストに載せられていた。吉田氏が公職追放リストに載せられた理由は、①１９２７年の東方会議に主導的役割を果たしたこと、②１９３５年以来の駐英大使の時期も日本の満州・中国侵略外交を積極的に支持したこと、③田中義一内閣下で成立した治安維持法に死刑条項が設けられたことに関与したこと、などであった。

吉田茂氏に関するメモを作成したのはＧＨＱ幕僚部の諜報局（ＣＩＳ）だった。ＣＩＳは日本がアジア膨脹主義計画を開始したのが東方会議であり、当時奉天総領事であった吉田茂氏の主導的役割を指摘した。吉田茂氏は翌１９２８年に外務事務次官に就任しているが、ＣＩＳメモは、これを「異例の抜擢」だと指摘している。

１９４６年5月16日、昭和天皇から「組閣の大命」を受けて首相の地位を得たのは吉田茂氏だった。本来は、鳩山一郎氏が首相に就任するはずだった。

この時期、日本国憲法はまだ公布されていない。大日本帝国憲法に基づいて天皇が組閣の大命を下し、内閣が組織された。この1カ月前にあたる1946年4月10日に戦後初の総選挙が実施された。新勢力は自由党141、進歩党94、社会党93、協同党14、共産党5、諸派38、無所属81だった。進歩党の幣原喜重郎首相は多数派工作に失敗し、4月22日に内閣総辞職した。

首班候補に躍り出たのは自由党党首の鳩山一郎氏だった。鳩山氏は5月3日に首相官邸に幣原氏を訪問し、自由党と社会党の政策協定成立を伝えた。鳩山政権発足は時間の問題だった。

ところが、その翌日の5月4日、GHQは日本政府に鳩山一郎の公職追放を通達した。鳩山総理誕生は幻と消え、代わって吉田茂氏が首相に就任したのである。吉田茂氏は回想録に、「鳩山一郎君の追放は全くの寝耳に水だった」と記し、追放された鳩山一郎氏が吉田茂氏に、自分に代わって自由党総裁になるよう求めたことについて、「本来政党というものに気が進まなかったし、内政方面には知識も経験もなかった」ので、再三断ったが、騒然とした世の中で、「速やかに政局を安定して民心の動揺を静めねばならぬ」と認識して受諾。組閣の大命を受けて吉田内閣が成立したと記述する。

しかし、春名氏はこの記述を額面通りに理解しない。吉田茂氏が権謀術数を駆使して、鳩山一郎氏を失脚させ、総理の座を手中にした可能性が高いと考えられる。

春名氏は、マサチューセッツ工科大学のジョン・ダワー教授が次の事実を指摘していることを明かす。吉田茂氏はマッカーサー元帥夫人のもとに、１９４５年12月には花、46年6月にメロン、同12月にリンゴ、47年5月にトマト、8月に桃と、贈答品をせっせと持参していたのである。こうした贈答工作、へつらい工作が公職追放回避にも用いられたのだと考えられる。

吉田茂氏は、自らの公職追放を回避するために、恐らくあらゆる手を尽くしたのだと考えられるが、鳩山一郎氏の公職追放に関しては、一切追放回避に向けた動きを示さなかったと見られる。

翌１９４７年の総選挙で、吉田茂氏は首相続投を期したが、総選挙によって片山哲内閣が樹立された。日本における民主主義の爽風《そうふう》が一気に吹き抜けた瞬間である。

ところが、１９４７年に、米国の外交方針が大転換する。吉田茂氏はＧＨＱ参謀２部のウィロビー少将と連携を深め、ＧＳ、およびＧＳと連携する民主主義的傾向を強く有する片山内閣、芦田均内閣の崩壊に向けての工作活動を展開したとみられる。昭電疑獄事件は、吉田茂氏とG2・ウィロビー少将のラインによって創作された工作活動であることも、前掲書『秘密のファイル―CIAの対日工作』に詳述されている。吉田茂氏の選挙活動にはGHQ・G2が全面的な支援活動を展開した。

GHQの民主化推進政策の過程で、日本の情報空間を刷新する画期的な構想が浮上した。NHK改革構想である。しかしながら、米国の対日占領政策の基本方針転換により、NHK改革の画期的な構想は闇に葬られた。

1948年に芦田内閣が昭電疑獄事件工作により破壊されると、非民主化路線に転換した米国を後ろ盾とし、GHQに支えられた吉田茂氏が再び首相に就任した。この吉田茂内閣が1948年から1954年にかけての6年間にわたって日本を統治し、戦後日本の基本体制を構築した。この基本構造は、1945年から47年に構築された民主化日本とは異なる、非民主化の体制であった。戦後民主化は、米国の外交方針転換と日本の内政転覆により決定的な挫折に直面したのである。

戦後民主化路線は大きく方向を変えられた。「逆コース」と呼ばれている。1947年以後の逆コースの延長線上に、現在の日本がある。1945年から47年に進んだ民主化路線とは大きく異なる非民主化の路線が、１９４７年以後70年以上の長期にわたって日本の基本路線となっている。

逆コースの基本路線は、敗戦直後の民主化路線集大成である日本国憲法とは相容れない。そのために、戦後日本民主化の路線を支持する者が日本国憲法を肯定的に捉える一方で、敗戦後日本の民主化路線を転覆した対米従属・逆コース路線を支持する者が日本国憲法を否定的に捉えるのである。１９４７年以降の日本の逆コースを知ることなしに、現代日本を理解することはできない。

逆コースの日本において、日本の再軍備が遂行された。同時に戦争責任を負う旧軍人が、その再軍備過程において多数登用された。戦犯容疑者についても、逆コースの日本において、米国のエージェントとして活用可能な人物が釈放されることになったのだと考えられる。

敗戦後日本の真実を正確に知ることが重要である。「戦後民主化」という言葉が純粋な意味で適用できる期間は、２年間に限定される。１９４７年以後の日本は非民主化の過程に置かれ、戦後民主化の基本路線は完全に封じ込められた。

逆コースの日本に吹き荒れたのが、レッドパージの嵐だった。敗戦直後の公職追放は、戦争責任を負う人物の公職からの追放であったが、レッドパージは、非民主化＝反共化の方針に基づく思想統制に基づく措置だった。この逆コース下の1947年から1951年にかけて、日本において多くの怪事件が発生した。国鉄三大事件、帝銀事件をはじめとする奇怪な事件が頻発したのである。これらの怪事件の真相を究明した名著が、松本清張による『日本の黒い霧』（新潮文庫）である。

米国は、米国に隷従し、日本の民主化を踏みにじる者を重用した。米国は米国に隷従する傀儡政権を樹立し、存続させ続けようとしてきた。自民党はCIAの資金によって創設された政党である。同時に米国は、日本の思想統制を強固なものにするために、左側の防波堤を創設する必要にも迫られた。そのために創設されたのが民社党である。

権力に対峙する風合いを醸し出しつつ、実は権力と繋がり連携する、えせ反政府政党を構築したのである。世の中の議論が一色になることは不自然であるから、当たり障りのない、反対勢力風の勢力を人為的に創設し、左側の防波堤として機能させた。民社党だけでなく朝日新聞も、この目的のためにCIAが主導して育成したとの見方が有力である。

◎戦後日本で米国に隷従した政治家、米国からの自立を志向した政治家

米国が創設した傀儡政権の二大首魁《しゅかい》が、吉田茂氏と岸信介氏である。１９４７年以降にＧＨＱの主導権を握った参謀２部は日本の民主化路線を封じ込め、多くの謀略工作によって日本の左傾化を防ぎつつ、日本の対米従属化を推進していった。参謀２部を支配したウィロビー少将を後ろ盾にして、米国の傀儡政権としての日本政府確立に注力したのが、吉田茂首相である。

吉田首相はサンフランシスコ講和条約締結と同時に日米安保条約を独断専行で締結した。サンフランシスコ講和条約は、日本の独立回復後の駐留米軍撤退を明記したが、この条約に但し書きが付せられ、これと連動する日米安保条約が制定された。その結果、日本はサンフランシスコ講和条約により独立を回復したにもかかわらず、米軍の日本駐留が維持されて現在に至っている。米軍に治外法権を与える日米地位協定も、70年間維持されたままである。まさに対米隷属の父としての吉田茂氏の実像が浮かび上がる。

吉田内閣が造船疑獄事件で退陣に追い込まれた後、公職追放から復帰した鳩山一郎氏が首相の座に就いた。鳩山一郎氏は米国と一定の距離を保ち、ソ連との国交回復を実現した。

このことによりシベリア抑留者50万人が日本に帰還できたのである。1956年、鳩山一郎内閣はソ連との平和条約締結寸前にまで交渉を進展させた。

ところが、ここで米国が横やりを入れた。「日本が歯舞・色丹二島返還による平和条約締結に踏み切るなら、米国は永遠に沖縄を日本に返還しない」と恫喝したのだ。日ソ平和条約は締結に至らず、北方領土問題の解決も実現しなかった。この後、日本は北方領土について、四島が日本帰属との主張を始めた。米国の差し金による日本の主張の大変化である。孫崎享氏の著書『日本の国境問題』（筑摩書房）に詳しいが、米国は日本と中国、日本と韓国、日本とソ連が友好関係を構築しないように、国境問題、領土問題において紛争の種を埋め込んだ。これが尖閣、竹島、北方四島の問題である。

鳩山一郎首相の後継首相の座を狙っていたのが岸信介氏である。しかし、1956年12月の自民党総裁選で岸信介氏は敗北した。米国に対して堂々とモノを言う石橋湛山氏が首相に就任した。米国は石橋首相の誕生を警戒した。石橋湛山首相は首相就任に際して「自主外交の確立」を掲げ、対米隷属の修正を目標として明確に定めた。

この石橋湛山内閣誕生に関して春名幹男氏は、米国国務省北東アジア部長のパーソンズ氏が「ラッキーなら石橋は長続きしない」と述べたことを記す英国外交文書の存在を明らかにした。そして現実に、石橋内閣は、この言葉通り、わずか65日の短期間で終焉した。石橋首相は１９４７年1月25日、帰京した直後に自宅の風呂場で軽い脳梗塞を発症した。報道には「遊説中にひいた風邪をこじらせて肺炎を起こした上に、脳梗塞の兆候もある」と発表したとされる。母校早稲田大学で行われた行事に出席し、体調を悪化させたとも伝えられている。

石橋首相は2カ月の絶対安静が必要との医師の診断を受けて、「私の政治的良心に従う」として首相の職を辞した。石橋湛山氏は昭和初期に、暴漢に狙撃され、帝国議会への出席ができなくなった当時の濱口雄幸首相に対して退陣を勧告する社説を『東洋経済新報』に執筆していた。国会に出ることができない自分が首相を続投すれば、社説での言説との矛盾が生じるとして首相辞任を決意したと伝えられている。

真相を究明することは困難であるが、石橋湛山氏の体調急変の背景に、ＧＨＱによる生物兵器あるいは化学兵器の使用があったとの疑いも払拭しきれない。松本清張氏は『日本の黒い霧』で帝銀事件におけるＧＨＱの関与の可能性を検証しており、謀略説を一笑に付することはできない。いずれにせよ、米国の願望通り、石橋湛山内閣は排除され、米国の傀儡政権としての岸信介内閣が誕生したのである。

この岸信介内閣が、1960年に日米安保条約改定を断行した。日本を二分する議論の沸騰があった。1959年、砂川事件に関して東京地裁の伊達秋雄裁判長が「被告全員無罪、米軍の日本駐留は違憲」との判決を示した。安保条約改定を目前とするタイミングで、裁判所が安保改定を全面否定する判断を示したのである。

この事態に対し、日本政府は巨大な工作活動を展開し、裁判所判断を強引に誘導した。検察庁は跳躍上告を行い、地裁判決から1年も経過しない1959年12月に最高裁が一審判決を地裁に差し戻す判決を言い渡した。この過程で、在日米国大使であるダグラス・マッカーサー二世が、藤山愛一郎外相および田中耕太郎最高裁長官と接触した。米国が指揮し、日本の裁判所判断を誘導するという驚くべき工作活動が展開された。日本の警察、検察、裁判所制度は前近代の状態に据え置かれたままであるが、その明瞭な証左が1959年の砂川事件判決にくっきりと表れている。

日本は裁判所判断までをも米国に支配される、属国にも及ばぬ植民地状態にあると言わざるを得ない。そして、その状態は、1947年の逆コース以後、現在まで脈々と引き継がれている。

戦後の日本において、米国から一定の距離を置く政権は何度か誕生している。敗戦直後の片山哲内閣は、社会党党首が内閣総理大臣に就任した革新内閣であった。芦田均内閣はその路線を継承したが、ＧＨＱの工作活動により破壊された。１９５４年に誕生した鳩山一郎内閣は日ソ国交回復を実現したが、米国からの横やりを受けた。石橋湛山内閣は短命での終焉が米国によって希求され、その通りの現実が生じて、米国傀儡の岸信介政権に移行した。

時代は下り、米国に対してもモノを言い、日中国交回復を達成した田中角栄首相は、米国の工作により刑事被告人の立場に追い込まれた。細川護熙内閣は、日本の外交安全保障政策において米国との距離をとる方針を示した途端に失脚させられた。２００９年に誕生した小沢―鳩山ラインによる内閣が８カ月で破壊されたことも記憶に新しい。

鳩山内閣においては、外務省の現職官僚が捏造したニセの米軍機密情報を鳩山首相に提示し、これによって普天間の県外・国外移設方針が破壊されたのである。

他方で対米従属、対米隷属の旗幟を鮮明にする者は守られる。吉田茂、岸信介、佐藤栄作、中曽根康弘、小泉純一郎、そして安倍晋三の各氏の系譜は、すべて米国に隷従する方針を基礎に置いている。このために政治屋が易きに流れる。米国に隷従し、米国に追従していれば、政治的、社会的、経済的に身分の安泰が保障される。しかしながら、この易きに堕す政治を実行しているかぎり、日本は永遠に米国の支配下に置かれ、米国の属国、植民地の地位に置かれ続けるしかない。

利権集団に支配された日本の情報空間をいかに変えるか

◎マスメディアと大手芸能プロに支配された日本の情報空間

支配のツールファイブについて述べた。洗脳、教育、堕落、恐怖、買収である。

主権者の半分が選挙に行かない。選挙に行く主権者の半分が利権とつながり、政権与党に確実に投票する。政治権力に対峙する勢力がひとつにまとまらないかぎり、この25％の投票によって多数議席が与党議席として確保される。政治権力は政治を私物化し、利権を利権集団に分配する政治を行う。

この構造を維持するうえで最も重要な役割を担うのが、情報空間のコントロールである。メディアを支配することにより人々の判断、意思、行動を支配するのだ。メディアコントロールは、マスメディアが情報空間の主要なプレイヤーである現代社会において、最重要の政治支配のツールになっている。

現在の安倍内閣は、マスメディアと、マスメディアのなかで主導的役割を果たす芸能プロダクションと結託した行動を示している。日本のマスメディアにおける主要な登場人物は、男性アイドルを擁するJ事務所、女性アイドルを擁するAグループ、お笑い芸能人を擁するY事務所、そして芸能界全体に睨みを利かすB事務所などの数社によって支配されている。日本のマスメディアは16社体制と言われるが、メディアに登場するタレントの大半が、ごく少数の芸能プロダクションから派遣される者たちである。マスメディアと芸能プロダクションを支配できれば、日本のマス情報空間の大半を支配し得る。

他方、インターネット上に新しい情報空間が広がっているが、圧倒的多数のインターネット利用者はごく限られた入り口サイトを利用する。これらの入り口サイトはGoogleやYahoo!、@nifty、livedoorなど、これもまた極めて少数の大手企業によって支配されている。

大手メディアと大手芸能プロダクションは、資金の出し手である巨大資本の意向に隷従する。そしてその巨大資本が政治権力と癒着するならば、マスメディア情報空間は政治権力によって完全にコントロールされることになる。

◎ＮＨＫ改革と市民によるポータルサイト構築の必要性

残るひとつの風穴が公共放送としてのＮＨＫであるが、このＮＨＫが敗戦後逆コースの吉田茂内閣によって、完全に政治権力の下に置かれる存在になった。その根幹を定めたのが放送法である。

放送法はＮＨＫの体制についての規定を定めている。組織の根幹を決定する肝は、人事と予算である。ＮＨＫの最高意思決定機関は経営委員会であるが、その経営委員会委員の人事権が内閣総理大臣に付与されている。

放送法第31条は、「委員は、公共の福祉に関し公正な判断をすることができ、広い経験と知識を有する者のうちから、両議院の同意を得て、内閣総理大臣が任命する」としているが、内閣総理大臣がお友だち人事を行えば、ＮＨＫの経営委員会が内閣総理大臣のお友だち色に染まる。こうなるとＮＨＫは完全に内閣総理大臣の色に染め抜かれることになる。

ＮＨＫの会長、副会長、理事がお友だち色に染まり、その結果、ＮＨＫの主要幹部がお友だち色に染まる。ＮＨＫの報道は完全に偏向することになる。

他方、ＮＨＫの予算案は総務大臣に提出され、国会の了承を得ることになるが、国会の了承を得るには国会の多数勢力の賛同が必要である。すなわちＮＨＫは、政治権力の側を向いて行動すれば、それで安泰ということになる。

ＮＨＫの放送受信料は放送受信契約者から流入するが、放送法は放送受信設備を設置した者に放送受信契約の締結を義務づけている。この法律が存在するかぎり、ＮＨＫは視聴者の意向を気にする必要がまったくない。こうして「あべさまのＮＨＫ」が創設されている。

このことによって主権者は完全なる情報弱者の立場に置かれることになる。真実の、重要な情報が主権者に提供されないのだ。選挙が近づいても、政治に関する問題が論議されない。消費税の是非が問われていても、消費税の是非を論じる番組が編成されることがない。ＮＨＫが報じるのは、消費税が増税される前提に立つ話題についてだけである。

ＮＨＫの「日曜討論」においては、政党要件を満たす政党の代表者による議論が行われてきたが、政党要件を満たす政党から強力な論者が現れると、この論者が所属する政党を討論番組に出演させないという恣意的な運用を行い始めた。

筆者はＮＨＫ「日曜討論」に多数の出演経験を持つが、１９９０年代においては、山本孝論説委員が政治討論の司会を担当し、極めて中立公平な議事進行を行っていた。ところが２００１年に小泉純一郎政権が登場した頃から、ＮＨＫが著しい偏向傾向を示すようになった。故人となった影山日出夫氏、その後の島田敏男氏に代表される討論司会者は、「日本偏向協会」との揶揄が適切であると感じさせる、不公平、不公正で強引な議事進行を行うようになった。

日本においては主権者の情報選別能力が乏しい。メディア情報に誘導されてしまう傾向が強いのだ。偏向が強まるこの情報空間に風穴を開けることが重要だ。第一に重要なことは、公共放送が公共放送としての機能を回復することである。そのためにはＮＨＫの運営を政治権力から切り離すことが必要である。

ＮＨＫの受信契約を任意制に移行させることが、まずは優先されるべきだ。放送電波にスクランブルをかければ、放送受信契約を締結した者だけがＮＨＫ放送を受信することが可能になる。ＷＯＷＯＷなど、すでに民間放送で実行されている。放送受信契約締結が任意制に移行すれば、ＮＨＫは放送受信契約者の意向を尊重せざるを得なくなる。放送受信契約者の意向を無視し続ければ、契約数が激減するからだ。

第二に重要なことは、インターネット上に、主権者の側に立つポータルサイトを構築することだ。インターネット上には多数の優良なコンテンツが存在する。しかし、それぞれの優良なコンテンツの認知度が低いために、ここにつながる大きなパイプ、本流が形成されていない。

これを打破するために、優良な情報につながる、共有の入り口サイトを構築するのだ。既得権益勢力の側ではなく、主権者の側に立つ入り口サイトを構築する。このサイトを共通の入り口とすることで、多数の優良情報にアクセスする大きなパイプ、本流が形成されることになる。

100万単位、あるいは1000万単位のアクセスを実現する本流を、既得権勢力の側ではなく、主権者の側に構築する。この情報運河が創設されることにより、真実の情報を発信する優良な情報源へのアクセス数の桁数が、ひと桁、ふた桁、三桁拡大する。主権者の側に立つポータルサイトの構築が急がれる。

政治を変えるには教育革命が必要だ

◎国家が管理しやすい人間の養成を目的としたこれまでの日本の義務教育

政治は、突き詰めて言えば国民の力を示す。国民の力以上の政治は実現しないとも言われる。主権者の半分が選挙に行かない。主権者の権利が守られない。主権者の利益を追求する政治が行われない。これらは突き詰めて言えば国民の力に起因する問題であり、国民の責任であるとも言える。

このことは、逆に言えば、政権にとって、極めて都合のよい国民が存在するということでもある。権力者が不正のかぎりを尽くし、政治を私物化し、公文書を改ざんし、国会で平気で嘘をつく。このような悪行三昧の政治を行っているのに、国民の怒りが沸騰しない。100万人デモも行われない。黄色いベストの激しい運動も発生しない。

メディアは不自然な高い内閣支持率の数字を創作して、公表し続ける。腐敗利権を維持したい既得権益勢力にとって、現状はパラダイスだ。そのパラダイスをつくり出す原動力になっているのが、国民の特性である。

しかし、国民の特性は一朝一夕に形づくられるものではない。三つ子の魂百までと言われるが、国民への教育の果たす役割が決定的に重要ではないか。

日本の未来を拓く。日本の政治を刷新する、この目的のためには教育を改革することが何よりも重要だ。2006年から2007年にかけて1年かぎりで存在した第1次安倍内閣は、たったひとつの置き土産を遺した。それが教育基本法改悪である。安倍首相は、極めて無責任に政権を投げ出した。その第1次安倍内閣が、たったひとつ遺したもの。それが教育基本法改悪なのだ。

改悪された教育基本法には、第1条の教育の目的に次の定めが置かれた。

「(教育の目的) 第一条　教育は、人格の完成を目指し、平和で民主的な国家及び社会の形成者として必要な資質を備えた心身ともに健康な国民の育成を期して行われなければならない」。

一見すると正当なことが表現されているように見えるが、見落とせないのは「国家及び社会の形成者として必要な資質を備えた国民の育成を期して行われなければならない」という部分である。教育は個人のために行うものであって、国家のために行うものではないはずだ。ところが、この教育基本法においては、第1条の目的に、「国家の形成者として必要な資質を備えた国民の育成」が明記された。

第2条の教育の目標については次のように規定した。

「（教育の目標）第二条　教育は、その目的を実現するため、学問の自由を尊重しつつ、次に掲げる目標を達成するよう行われるものとする。

五　伝統と文化を尊重し、それらをはぐくんできた我が国と郷土を愛するとともに、他国を尊重し、国際社会の平和と発展に寄与する態度を養うこと」。

ここでも問題になるのが「伝統と文化を尊重し、それらをはぐくんできた我が国と郷土を愛すること」が教育の目標に明記されたことだ。伝統と文化を尊重するか否か、我が国と郷土を愛するか否か、これは日本国憲法が保障する思想および良心の自由に係ることがらだ。伝統と文化を尊重することを否定する必要はなく、我が国と郷土を愛することを否定する必要もないが、これを国家が法律の条文によって強制することは、憲法が保障する思想および良心の自由に反する違憲行為である。

安倍首相の姿勢から垣間見えるのは、教育が、個人の利益のために存在するものではなく、国家のための個人を育成するために存在するものだとの判断である。日本の義務教育課程の学校では、「起立、礼、着席」、「前へならえ」、「気をつけ」が強要され、軍隊行進が強要されている。軍国教育下の軍事教練のならわしが、いまなお引き継がれている。

日本の学校での優等生は、与えられたことがらを正確に暗記し、目上の者の命令に従う者である。しかしながら本来の教育は、上から型を押しつけ、暗記を強制するものではない。個人が内に秘めている力を引き出す、潜在的な力を発揮させることが、本来の教育の目的であるべきではないか。

教育を示すeducationという言葉は、「引き出す」という意味を語源としている。外から詰め込む、外から枠をはめるのではなく、本人が内在的に持っている力を引き出す、発揮させることが教育の本当の目的である。

教育で養うべき力は、覚えること、従うことではなく、考えること、そして自分の意見を表明する、発言することである。しかしながら日本においては、自分で考え、そして発言する子どもは優等生ではなく、問題児として扱われる。

無意味に、一糸乱れぬ整列をする意味はないし、無意味に静寂を保つ必要もない。教育現場に見られる風習は、一貫して、管理しやすい人民の養成、上意下達の命令に服従する扱いやすい人民の養成に置かれている。

◎普通教育の場を学校だけに限定してはいけない

そもそも日本国憲法は教育の義務を定めているが、教育の義務が誤解されている。日本国憲法が定めている教育の義務は、「子女に普通教育を受けさせる義務」である。「子女に学校教育を受けさせる義務」ではない。学校ではいじめが放置され、いじめを苦に自殺に追い込まれる子どもが後を絶たない。自殺した子どもの保護者の話を聞くと、多くのケースで、とにかく学校に行かせることを優先させていたとの声が聞かれる。

「義務教育」という言葉が大いなる誤解を生んでいる。学校教育法は、保護者に、子女を学校に就学させる義務を定めている。日本国憲法が、子女に普通教育を受けさせる義務を定めていることを受けて、学校教育法がこの定めを置いている。しかしながら十分な注意が必要だ。それは憲法が定めているのは子女に普通教育を受けさせる義務であって、子女に学校教育を受けさせる義務ではないことだ。

海外では、普通教育を受ける場を、学校に限定しないことが大きな流れになっている。

学校以外の場における普通教育の実現が重視されている。代表的な事例が、家庭における普通教育の実現である。学校は子どもの人権および命、健康を十分に守る存在になり得ていない。

いじめに教師が加担するような悪質事例も多く伝えられている。また、熱中症に対する警戒警報が出されているなかで、児童を強制的に野外に連れ出し、熱中症で児童を死亡させるという惨事も報道されている。学校は子どもの人権と健康、命を守る場ではなくなっているという側面がある。

日本政府が批准し、発効している子どもの権利条約においては、子どもに対する措置を採るに際しては、「子どもの最善の利益」を主として考慮することが明記されている。子どもが学校に行かないという意志を明確に保持する場合に、子どもを学校に行かせる正当な根拠は存在しない。

日本でも遅ればせながら2016年に教育機会確保法という法律が制定された。この法律には、「休養の重要性」や「学校以外の場における学習機会の重要性」という言葉が明記された。それでもなお学校に行かない子どもに対しては、「不登校生徒児童」という非正規の生徒児童であるとのニュアンスを持つ差別用語が用いられている。

いじめの問題への対処で重要なことは、子どもには「学校に行かない自由」があることを明確に認識することである。「義務教育」という言葉が誤って理解され、親は子どもを学校に行かせる義務を負っていると誤って判断しているケースが多い。

憲法が定めているのは、保護者に対する、子女に普通教育を受けさせる義務である。また学校教育法は、子を学校に就学させる義務を定めているが、子を学校に登校させる義務を定めていない。日本政府が批准している子どもの権利条約では、子どもに対する措置を決定するに際して、「子どもの最善の利益」が主として考慮されることとされており、子どもが学校に行かないという意志を保持する場合には、子どもを学校に行かせないと判断することが妥当となる。

その場合でも、保護者が子女に普通教育を受けさせる義務は残る。保護者が子女に普通教育を受けさせる義務を負っていることは銘記されなければならない。これらの点を踏まえ、普通教育を行う場を学校に限定しない取り組みが重要になっている。

具体的には、学校教育法を改正し、学校教育法に代わる普通教育法を制定し、普通教育を実践する場のひとつとして学校を位置づけるとともに、普通教育を実践する場として、家庭やフリースクールなどを明確に位置づけることが必要だ。

安倍内閣が子どもに対する普通教育実践の場を「学校」に限定しようとしていると見られる最大の背景が、２００６年に改悪された教育基本法から読み取れる。教育基本法は、「国家の形成者として必要な資質を備えた国民の育成」を教育の目的とし、「伝統と文化を尊重し、我が国と郷土を愛する態度を養うこと」を教育の目標とした。このような目的と目標を達成するためには、子どもを強制的に学校に収容するしかないと考えているのだろう。家庭において個性を尊重する教育が行われたのでは、この目的と目標が達成されないからだ。

これからの日本の教育において重要なことは、自分の目で見て、自分の頭でものを考える個人を育成すること。そして、その考えを堂々と発言し、発信する態度を養うことである。これまでの日本の教育では、多数の、意味もない事象を暗記し、目上の者の命令に従順に従う、国家の形成者として必要な資質を備えた国民の育成が目指されてきた。

このような国民は、政治の変革に思いを致すこともないだろう。権力者の意向に従順に従う国民を育成することを目指す教育は、国民を支配下に置こうとする権力者にとって、極めて都合のよいものだ。権力者が重大な不正、改ざん、ねつ造を行おうとも、そんなことには目も向けず、ひたすら権力者を支持し、擁護する従順な国民、人民こそ、彼らが求める国民像なのだ。

工業社会においては、均質性、同質性が重視され、個性の発揮はむしろ弊害という側面であったかもしれない。しかし、産業構造が変化し、独創性、創造性が重要な意味を持つ時代にあっては、画一的、均質的、そして無感動で従順な個人は、大きな力を発揮し得ない。

権力に従順で、与えられたことだけを着実にこなす人材ではなく、自分の目で見て、自分の頭で物を考え、その自分の考えをしっかりと表明できる個人、個性と独創性、そして旺盛な発信力のある個人を育てることが、日本の未来を切り拓くために必要不可欠である。そのための教育改革が強く求められている。

政治の実権を握る官僚機構を改革する

◎日本政治は国会議員ではなく、官僚が動かしている

日本の政治では、官僚機構が主導権を握ってしまっている。本来は主権者の代表である国会議員が主導権を握らなければならない。主権者が代表者を議会に送る。議会の多数勢力が内閣をつくる。行政権は内閣に属する。主として国会議員によって構成される内閣の下に官僚機構が置かれる。官僚機構は内閣の決定、指示に基づいて行政を執行する。これが本来の姿だ。

ところが現実には、官僚機構が政策を立案し、その指示を受けて内閣が行動する。主客が転倒している。政府の提案は国会審議にかけられ、国会の議決を経なければならない。国会審議で多様な質問が提示されるが、その質問に対する答弁を用意するのも官僚機構である。

政治家は官僚が用意した原稿を読むだけの存在になっている。leader ではない、reader になってしまっている。しかも、官僚が原稿に振り仮名をつけておかないと、原稿を正しく読めない。reader すら失格の事態が生じている。

安倍首相が「訂正でんでんという指摘は当たらない」と国会で答弁したときに、発言の意味を理解できた者はいなかった。国連での演説で、「その背後には」という原稿を、「そのせごには」と読んだ映像が首相官邸のホームページに掲載された。誠に残念な現実が広がっている。

官僚が実権を担ってきた歴史は古い。明治維新の際に日本の政治機構は地方分権から中央集権に変更された。中央がすべてを決定し、これを執行する、新しい政治体制がつくられた。明治政府は政治体制の原形を律令時代に求めた。律令時代の太政官制《だいじょうかんせい》を焼き直して新しい政治体制を構築した。それが明治の太政官制《だじょうかんせい》である。

官僚は天皇の官僚であり、支配者の一翼を担う。高等文官試験に合格した高級官僚に、支配者としての特権が与えられた。第二次大戦後の民主化過程において、GHQは２つの意味で完全な民主主義体制の構築に失敗した。ひとつは天皇制を温存したこと。戦争責任を曖昧にしたまま、戦後という新しい時代に移行してしまった。

もうひとつは、権力者としての官僚を戦後も残存させてしまったことだ。高文試験は廃止されたが、上級公務員という特権的地位を保持する官僚制度が温存された。日本の統治を行う際に、特権的な権能を持つ官僚機構を利用することが好都合であるとＧＨＱが判断したのだと思われる。

その結果として、敗戦後の民主化日本においても特権的な権能を保持する官僚機構が残存してしまった。彼らは自らを特権階級と認識し、人民の上に君臨する存在として自己規定し続けてきた。官僚機構は専門的な能力を保持し、意識の上で、国会議員の上位に位置して、政策の企画立案に関与し、国会における質疑応答を仕切ってきた。

官僚機構は、意思決定における上位の位置を占有するだけでなく、各種利権を獲得、拡大させてきた。日本国憲法は、公務員を「全体の奉仕者」と規定しているが、現実には、上級公務員が、人民を支配する支配階級の一員として自己規定してしまっている。

この特権的な官僚集団を解体することが求められる。高度に専門的な知識を保持する優秀な官僚が必要との声があるが、それは国民主権の民主主義政治にふさわしくない。官僚が高度な専門知識を持つこと自体は望ましいことだが、その官僚に過度の権能を与えるべきでない。

行政権は内閣に属するのであり、行政権を担うのは内閣である。内閣は主権者である国民の代表者がこれを担う。内閣が意思決定し、官僚は決定されたことを着実に執行する能吏であることが求められるのだ。

日本政治が十分に機能しない理由は、本来は政治家が担うべき役割を官僚機構が簒奪《さんだつ》してしまっていることに原因がある。本来は、国民の代表者によって組織される内閣が意思決定を行い、その支配下に行政官庁が置かれなければならないが、主客が転倒してしまっているのだ。

◎官僚機構改革のための３つの方策

筆者は30年来、官僚機構を抜本的に改革する具体的提案を提示し続けてきた。官僚機構は国民に対する奉仕者であって、国民に対する支配者ではない。その位置づけを明確にするために、３つの方策を提案してきた。

第一は天下りの根絶だ。役人が退官後に政府機関、民間事業会社に天下る。これが、各省庁の最大の利権である。役所は所管の業界の生殺与奪の権を握っている。この行政権限を武器に天下りポストを企業や業界から獲得する。天下り利権の構造は賄賂の構造なのだ。行政は国民の利益のために行われるべきであるのに、利権官庁は、天下り企業、天下り業界の利益を優先して行政事務を執行する。この賄賂の構造を打破しなければならない。

各省庁所管の外郭団体への天下りも根絶するべきだ。天下り先官僚が求める条件は、高額報酬、個室、秘書、専用車だという。天下り機関の役員に就任しても、やるべき仕事はない。オフィスに出勤して新聞雑誌を読んで、食事をして帰る繰り返しだけだ。その費用は全体が無駄である。

消費税増税を実行する前提条件として、野田佳彦氏がかつて唱えたのが天下りの根絶だった。その野田佳彦氏が天下り根絶に一切手をつけずに消費税増税に突き進んだ。この背信行為が民主党に対する評価を地に墜ちさせる主因になった。

財務省は率先して天下り利権の根絶に一歩を踏み出すべきだ。日銀、日本取引所、政策投資銀行、国際協力銀行、政策金融公庫、ＪＴ、横浜銀行、西日本シティ銀行への天下りをまず根絶し、その上で国民に対して消費税問題を訴えるべきだ。

各省庁所管の業界や企業は、官僚ＯＢを受け入れることにより、予算編成においての利権支出配分や偏向した行政事務の裁量的運営の恩恵に浴することを狙う。各企業が警察の

ＯＢを受け入れるのは、企業内部での不祥事発生の際に警察の裁量権濫用を期待するためである。

日本の行政機構は極めて不透明で、不正が横行する状況にある。こうした問題を除去するために官僚の天下りを全面禁止するべきである。公的機関への天下りだけでなく、民間企業に対しても、退任直前10年以内に所属した省庁が所管する業界および企業への就職を法的に禁止する措置を講じるべきだ。

自民党憲法改正草案では、居住、移転及び職業選択等の自由等を定める現行憲法第22条の条文「何人も、公共の福祉に反しない限り、居住、移転及び職業選択の自由を有する。」から「公共の福祉に反しない限り」という但し書きが削除された。これは、官僚機構が、天下り利権を排除されぬよう、細工を施したものであると理解できる。退任直前10年以内に所属した省庁が所管する業界および企業への就職を法的に禁止する措置は、「公共の福祉」の観点から正当化できるのである。

第二は、官僚の職名を変更することだ。「官」という呼称が誤解を招く原因になっている。官尊民卑という言葉が象徴するように、官という名称が職位につけられているだけで、民の上に立つ存在という勘違いを生み出す。たかが名であるが、されど名である。名は体を表すというように、名を変えることによってその内実を変えることが可能になる。「官」という役職名をすべて「員」に変えるべきだ。「事務官」と呼ぶから人民の上に立つ上位の職位と勘違いしてしまう。これを「事務員」と呼びかえれば、公務員としての適正な位置に落ち着く。

裁判に民間人を関与させる試みとして裁判員制度が導入されたが、なぜ職業で裁判に携わる者が「官」で、主権者が裁判に関与する場合に「員」になるのか。正当な理由が存在しない。「職業裁判員」と「民間裁判員」と呼び分ければ済むことである。警察官が人民の上位に立っているわけではない。警察を担当する公務員に過ぎない。「警察員」と呼べばよい。

役所に入省すると、最初に与えられる名刺に「事務官」の肩書が付せられる。これを「事務員」と変えれば、自らの立ち位置が明瞭になる。「事務次官」は、場合によっては大臣よりも上位であるとの自己認識を招く。これを「事務長」とすれば適正な職位名になる。

公的機関のトップの名称に「総裁」などの名称が用いられるが、これも適正でない。株式会社形態であれば、「社長」が妥当だ。審議官、企画官、参事官などの名称が用いられるが、「企画員」、「参事員」、「審議員」とすればよいのであって、大臣官房という部署名も、「総務部」と変えるべきだ。

財務省主計局、理財局とあるが、これもすべて「主計部」、「理財部」等と名称変更するべきである。公務員は全体に対する奉仕者、国民に対する奉仕者である。その位置づけを明確にするために、公務員の職位の名称を全面変更するべきである。

第三の抜本策は、公務員の採用方法改革だ。高卒採用、大卒採用を一本化するべきである。公務員に求められる資質は、一定の知識教養と勤勉な事務能力である。突出した才能が求められる仕事ではない。大卒採用を一本化するべきだ。大学卒業時点で幹部になることを確約するから、人民の上に立つという間違った認識の学生が公務員を目指すことになる。

行政事務に携わるからには、一定の知識教養は必要である。しかし、自分が国会議員の上に立って政治を仕切るなどと考える人物は、公務員として有害無益である。政治的な意思決定に関与したいと考えるなら、議員を目指し、主権者によって代表者として国会に送り込まれる道を目指すべきだ。

政治家こそ、高度に専門的な知識・見識を保持し、重要な政策立案の職責を果たすべきである。国民の代表者として国会に送られ、国会での多数勢力が内閣を組織する。高度に専門的な知識と見識を持つ者が各省庁の大臣、政務官に登用され、政策立案、意思決定を行い、その下に各省庁の公務員が忠実に行政事務を執行する。これが適正な姿なのである。

現在の第一種国家公務員になる人材は、偏差値を基準とした成績では成績優秀者である。同時に高学歴、好成績の持ち主である。勤勉さを備えているが、同時に、極めて強い上昇志向をも有している。彼らは受験競争を勝ち抜き、偏差値上の好成績を収めた者たちだ。目的に向けて行動する高い能力を保持している。

この能力を健全に活かすために重要なことは、正しい動機づけを行うことである。彼らは上昇志向が強いから、役所での出世競争に全力を注ぐ。しかし、役所の人事考課基準は、主権者への貢献度ではなく、省の利益への貢献度である。そのために、人事考課基準に沿う彼らの行動が、主権者国民にとって有害性の高い行動になってしまうのだ。

人事効果基準が変われば役人の行動は変わる。内閣人事局が設置され、各省庁幹部人事の主導権が各省庁から首相官邸に移行しつつある。その結果として、彼らの行動動機が変化した。省庁の利益への貢献ではなく、首相官邸への貢献が評価の基準に変化したからだ。

安倍内閣は内閣の延命に貢献した者を評価している。そのために、公文書改ざんや国有地の不正払い下げなどという重大な刑法犯罪事案などが次から次に生み出される現実が生まれている。

政治が主導権を持ち、官僚機構をコントロールすることは、建前上は正しい。しかし、その前提として、政治権力が正しい方向を目指すことが必要不可欠である。自己の利益のみを重視する、今だけ、カネだけ、自分だけの私益最優先の権力者が、自己の利益のために人事権を振りかざすなら、官僚機構全体が暗黒の機構と化してしまう。

また、公務員は省庁別採用とせず、公務員として一括採用するべきだ。公務員は各省庁を横断して職務にあたるべきだ。省庁別採用を行うから、公益ではなく省益が優先されることになる。各省庁はそれぞれの省庁の利益、省益だけを追求する。もちろん、その省益は、主権者の利益に反するものである。省益優先の行動が、国家財政支出のなかの利権支出、無駄な支出膨張の主因になっている。

小さな政府に3つの類型があることを述べた。そのうち、ハゲタカ資本への利益供与でしかない民営化＝営利化と、社会保障を切り刻む小さな政府は「悪い小さな政府」である。唯一、膨大な政府の利権支出、裁量支出を切る小さな政府が「よい小さな政府」であると言える。

利権だけを追求する官僚機構の構造を根本から刷新することが重要である。このことによって、本当の意味の財政構造改革、裁量財政からプログラム財政への転換が可能になる。日本の国家予算の規模で豊かな社会が実現されない最大の理由は、国家の巨大な財源の多くが、白アリ、ハゲタカ、ダニ、シラミ、ノミに食い荒らされているからなのだ。公務員制度改革が財政構造改革を実現するためのカギを握っている。

刑事司法の近代化

◎日本の刑事司法にある3つの根本的問題

刑事司法の近代化は、近代国家としての出発点である。１７８９年に定められたフランス人権宣言には、刑事司法に関する鉄則がすでに明確に列挙されている。罪刑法定主義、法の下の平等、適法手続き、無罪推定の原則、これらの鉄則が１７８９年に明確に定められているのである。ここから２００年以上も下った現在の日本において、なおこの根本原則が完全遂行されていない。

日本の敗戦後、１９４７年の総選挙で片山哲内閣が樹立された。民主主義政権の誕生である。しかしながら１９４７年を境に、日本における思想統制圧力が急激に拡大した。民主主義政権はＧＨＱの工作活動により破壊された。片山哲内閣の後継内閣として樹立された芦田均内閣は、ＧＨＱの工作活動により昭電疑獄事件に巻き込まれた。ＧＨＱ・Ｇ２のウィロビー少将が主導する芦田内閣破壊工作が展開されたのである。

まったく同じ図式で破壊工作が展開されたのが、２００９年に誕生した鳩山由紀夫内閣に対してであった。小沢―鳩山ラインは、米国が支配する日本の政治構造を根底から刷新する潜在力を保持する政権であった。日本支配の既得権勢力は、目的のためには手段を問わない。卑劣で不正な工作活動が展開され続けた。

小沢一郎氏が強制起訴された一件は、その典型事例のひとつである。鳩山由紀夫首相に対しても、政治活動への私財投入の方法をめぐって激しい攻撃が展開された。その一方で第2次安倍内閣発足後は、甘利明大臣や下村博文大臣の資金不正疑惑などが、すべて不問に付された。明白なダブルスタンダードなのだ。

１９５６年発足の石橋湛山内閣は、わずか65日で終焉した。米国による、何らかの工作活動が背後に存在したと推察される。田中角栄首相は、刑事被告人のまま生涯を終えるという迫害を受けた。細川護熙首相は佐川急便問題で失脚させられた。

日本の刑事司法には根本的な3つの重大な問題がある。第一は、警察、検察に不当に巨大な裁量権が付与されていること。その裁量権とは、1・犯罪が存在するのに無罪放免にする裁量権、2・犯罪が存在しないのに無実の市民を犯罪者に仕立て上げる裁量権である。

２０１９年４月に池袋で高齢男性による暴走殺人事件が発生した。横断歩道を渡っていた親子が暴走車に跳ね飛ばされ、命を失った。警察は、暴走自動車に欠陥箇所は存在せず、高齢男性の運転操作ミスが原因の暴走殺人事件だとした。

しかし、警察はこの加害者を逮捕しなかった。同じ時期に起きた神戸でのバス運転手による運転操作ミスによる死亡事件では、事件後に直ちに運転手が逮捕されている。池袋の事件で逮捕されなかった男性は元経産省のキャリア官僚で工業技術院院長を務め、クボタ副社長を務め、叙勲を受けた者である。官僚機構は国民を上級国民と下級国民とに分類し、極めて恣意的な刑事司法行政を行っているとの批判が沸騰した。

他方、日本の刑事司法における取調室は暗黒のベールに覆われている。そのために、警察や検察が、関係者の供述を密室のなかで調整、加工して、無実の人間を犯罪者に仕立て上げることができる。私が巻き込まれた事件は、明白な、冤罪捏造事件である。私の無実潔白の証拠が明白に存在しているにもかかわらず、裁判所までもが真実に光を当てることを拒絶し、不当な判決を示した。

小沢一郎氏が強制起訴された事案では、元衆議院議員の石川知裕氏に対する、東京地検特捜部による事情聴取内容をまとめた捜査報告書が強制起訴の決め手になった。しかし、その捜査報告書が捏造されたものであることが判明した。石川知裕氏が事情聴取内容を秘密録音していたために、検察が捜査報告書を捏造したことが判明したのである。空前絶後の検察巨大犯罪であった。

大阪地検特捜部が立件した厚生労働省元局長の村木厚子氏に対する逮捕起訴事案では、大阪地検特捜部の検事がフロッピーディスクの内容を一部改ざんしたことが発覚し、大阪地検特捜部長および副部長が有罪判決を受け、フロッピーディスクを改ざんした担当検事は実刑判決を受けて服役した。この事件と比較しても、東京地検特捜部による捜査報告書捏造事件は、はるかに巨大で重大な刑事犯罪事案であったが、最高検察庁はそのすべての巨大犯罪を無罪放免とした。

小沢一郎氏が強制起訴された事案は、密室における捜査においては、いかなる不正があっても判明しないという現実を突きつけた。偶然、石川知裕元衆議院議員が秘密録音していたために巨大犯罪が明るみに出たが、秘密録音がなければこの事実すら明るみに出ることはなかった。さらに驚くべきことは、この事実が明るみに出たにもかかわらず、東京地検特捜部の巨大犯罪のすべてが、最高検察庁によって無罪放免とされたことである。

森友学園に対する国有地不正払い下げ事案では、財務省の職員が14の公文書の300カ所を改ざんした事実が明らかになった。虚偽公文書作成罪は、1年以上、10年以下の懲役刑が課せられる重大刑法犯罪である。国有地を不当な価格で払い下げれば、国に対する背任罪である。国会に虚偽の事実を報告し、国会審議を妨害したのであれば、偽計業務妨害罪が成立する。重大犯罪の続出であったが、日本の警察、検察当局はすべての事案を無罪放免とした。

市民が検察審査会に訴えても、検察審査会が二度の起訴相当議決をしなければ、起訴には至らない。小沢一郎氏が強制起訴されたために検察審査会の存在がクローズアップされたが、検察審査会が本当に存在するのか否か、誰も確認できていない。

２０１０年9月14日に、小沢一郎氏に対する2回目の起訴相当議決があったとされる。この日に民主党の代表選挙本選挙が行われた。この代表選で、真実としては小沢一郎氏が勝利したと見られるが、現象としては菅直人氏が勝利したとされた。民主党が組織ぐるみで不正選挙を行い、菅直人氏を当選者に偽装したと考えられる。その民主党代表選の国会議員投票当日である9月14日に、検察審査会が小沢一郎氏の強制起訴を決めたとされるが、その事実が存在したかどうかは、極めて疑わしい。

◎基本的人権が無視され、政治権力の支配下に置かれている日本の司法

日本の刑事司法が抱える根本的な3つの重大な問題の第二は、日本の刑事司法制度において基本的人権が無視されていることだ。罪刑法定主義、無罪推定の原則、適法手続きという200年以上も前にフランスで確立された刑事司法の鉄則がないがしろにされている。刑事司法の鉄則は、「無辜《むこ》の不処罰」である。「たとえ10人の真犯人を逃しても、1人の無辜を捕らえてはならない」という鉄則だ。無辜とは、無実の人間のことである。

冤罪に勝るむごい犯罪はない。後藤昌次郎弁護士は、「国家にしかできない犯罪、それは戦争と冤罪である」という言葉を遺された。冤罪の残虐性は、冤罪被害者にならなければ実感を持つことはできないであろう。しかし、明治の江藤新平・初代司法卿は、冤罪の根絶を法制度の根幹に据えた。この民権重視の江藤新平を国権重視の大久保利通が嫌い、不法に虐殺したのが明治6年政変以後の史実である。

第三の問題は、日本の裁判所が政治権力の支配下に置かれていることだ。内閣に裁判官の人事権が付与されている。この人事権を濫用する者が内閣総理大臣になれば、裁判所は完全に行政権力の支配下に置かれてしまう。1959年の砂川事件裁判が如実に示すよう

に、日本の裁判所は政治権力の支配下、米国権力の支配下に置かれる存在である。このDNAは、いまなお、いささかも変わっていない。刑事司法制度が歪んでいる社会は、健全な社会ではない。

基本的人権を侵害する日本の刑事司法を手直しする第一歩は、取り調べ過程の全面・完全可視化である。被疑者のみならず、被害者、目撃者、関係者すべての供述を完全可視化することが必要不可欠だ。東京地検特捜部が事情聴取内容を捏造して捜査報告書を作成したように、日本の刑事司法の密室のなかでは、無限の悪事が横行している。この悪事を阻止するための第一歩は、すべての事情聴取過程を完全可視化することである。部分可視化では都合のよい部分だけが切り取って使われることになる。

小沢一郎氏の強制起訴にかかる巨大犯罪事案を契機に、刑事司法改革の問題が提起されたが、改革はまったく進まず、司法取引、通信傍受、おとり捜査等の、不当な捜査権限拡大だけが実現された。

政党ではなく政策の下に主権者が結集することで政治は変わる

◎消費税廃止、最低賃金1500円へのアップは実現可能だ

安倍内閣が長期にわたり存続している直接的な原因が3つある。

第一は、この政権が日本の情報空間を不当に支配してしまっていること、第二は、この政権が日本の刑事司法を不当に支配してしまっていること、そして第三は、日本の主権者国民がこうした不正、悪事に対し、極めてぬるい対応を示していることである。

日本は米国に支配され、米国に隷従する者が政治を担い続けている。その始祖は吉田茂氏と岸信介氏であるが、その孫にあたる安倍晋三氏と麻生太郎氏が現在の日本の政治を牛耳っていることは、単なる偶然ではない。米国にひれ伏し、米国の命令に従う者は、たとえ漢字が読めなくとも、政治的にも、社会的にも、経済的にも安泰を保障されるという図式のなかで、易きに走る政治屋が横行している。

日本の政治を立て直すには、米国に隷従する、このくびきから脱却する必要がある。そして、本当に優れた人材が政治を担うことが必要である。そのためには、正しい為政者を生み出す、覚醒した主権者、国民が必要である。

その覚醒した主権者、国民を生み出すためには、日本の教育を手直しするところから始めなければならない。教育を手直しし、有為の人材を次から次に生み出していく、人材の宝庫を生み出すことが、日本政治を変える出発点になる。

情報空間は政治権力によって支配されている。情報空間は政治権力と癒着する芸能プロダクションとマスメディアによって支配され、主権者が洗脳されてしまっている。人々の関心は、政治にではなく堕落の方向に誘導されてしまっている。

主権者の半分は選挙に行かず、利権に癒着する25％の国民が確実に投票所に足を運ぶことによって、「今だけ、カネだけ、自分だけ」の利権政治が跳梁跋扈する日本が生み出されてしまっている。

フルタイムで働いても年収が２００万円に届かない人々が１１００万人を超えている。この所得水準を３００万円に引き上げるだけで、日本社会は急変貌する。しかしながら、大資本の利益を追求する政治勢力にとって、これだけは絶対に認めることの出来ない施策である。

巨大資本の利益に沿う政治とは、労働コストを最小化する政治である。労働コストを最小化することによって資本の利益が最大化する。したがって、すべてのフルタイム労働者に、300万円の年収を保障するという政策は、彼らには絶対に受け入れられないのだ。

消費税を廃止し、最低賃金を全国一律で1500円に上げる。その財源は法人税と所得税の適正化、そして50兆円に及ぶ利権支出の2割カット、さらに超富裕層の金融所得優遇税制の廃止によって十分に賄うことができる。近年もてはやされているMMT(現代金融理論)は、長期の安定的な経済政策運営の要請に応え得る、論理安定性を有していない。基本的に世の中にうまい話は存在しないのだ。

ハイパー・インフレは稀にしか発生しないが、発生する場合には瞬時に激変が走る。インフレの兆候が現れた時点で対応策を打ち出しても、絶対に対応不能だ。まやかしの議論には頼らずに、王道を進むべきだ。

財政運営においては基本的に健全財政の思想を基礎に置くべきである。政府がお金を刷れば、いくらでも財政赤字を増やせるという議論は正しくない。世の中に流通するマネー残高と名目取引量には、長い目で見て比例関係が存在する。短期的には当てはまらなくとも、中期的には物価および資産価格変動とマネー供給量との間には比例関係が存在する。

消費税廃止、最低賃金１５００円実現という政策の根拠に、財政赤字の無制限の拡大を位置づけるならば、この部分が、政策提案に対する攻撃の対象にされる。健全財政の根本原則を揺るがせずに、所得税、法人税の負担適正化、利権的な裁量支出の削減、超富裕層に対する金融所得課税適正化を実行するならば、財政の健全性確保と、消費税廃止および最低賃金引き上げの政策は両立可能になる。

金融所得に対する課税強化、法人税法人負担の強化が、資本の国外流出を招くとの懸念に対しては、一定の税率での為替取引税を導入することが対応策になる。企業課税の国際的調整は、極めて困難であるが同時に重要な課題である。この点についての政策対応は、国際政策協調を推進する下で検討を進める必要があるが、まずは、水際対策として、日本から国外に流出する資金に対して、一定の税率での課税を実施することを検討するべきである。これによって課税の「漏れ」を回避できる。

繰り返しになるが、主権者の半分が選挙に行かない。選挙に行く半分の主権者のうち、半分が安倍政権与党勢力に投票することによって、国会議席の３分の２が与党勢力となってしまっている。しかし、投票率が上昇すれば状況は激変する。

現在の政治を根本から刷新する鮮明な政策を明示し、この政策の旗の下に安倍政治対峙勢力が結集することによって、投票率を引き上げることが可能になる。そうなれば、ただ一度の総選挙で政権を奪取することも不可能ではなくなるはずだ。

投票率が7割に高まる場合、新たに投票所に足を運ぶ主権者の大半は、新しい政治の方向への期待感によって行動を起こした者になるだろう。たちどころに、日本政治を刷新することが可能になる。そのために重要なことは、主権者が心から賛同できる「政策」を明示することだ。大事なことは、「政策」の旗の下に結集することであって、候補者名簿を統一しても、政策公約が不明確であるかぎり、大きな勝利を掴むことは困難である。

教育を変え、自分の目で物を見て、自分の頭で考えて行動する個人が生まれ、その結果として政治が変わるというプロセスを踏むならば、日本政治刷新には数十年の時間がかかるかもしれない。これはこれで大事なことであるが、考えてみると、現在の政治状況を変えないかぎり、日本の教育システムを抜本的に変革することも叶わない。

したがって、まずは、政治の現況を可能な限り迅速に刷新することに力を集中しなければならない。現在の状況のなかで、主権者が意識を変え、投票所に足を運ぶことが重要である。そのためには、安倍政治対峙勢力が明確な政策公約を掲げること、そして、その政策の旗の下に主権者と政治勢力が結集することが必要不可欠だ。

政治権力の構造を変える新しい政権を樹立した暁には、既得権勢力があらゆる手法で攻撃を仕掛けてくる前に、重要な法制度を変更し、新たな体制を確立することが重要になる。政府予算の抜本変革、税制の抜本変革に加え、ＮＨＫを抜本改革する放送法改定、さらに普通教育の場を学校以外に広げるための普通教育法制定を軸とする学校教育法の改正など、迅速に処理するべき課題が多い。政権交代を実現する前に、あらかじめ法改正のメニューと手順を整えることも重要になる。

暗黒と言わざるを得ない日本の現況ではあるが、私たち主権者が目を覚まし、行動し、連帯すれば、日本政治を一気に刷新することができる。そのために、いまこそ私たち主権者が行動するべきである。

あとがき

日本は言霊《ことだま》の国と言われる。言葉が独自に力を持つ。だから私たちは言葉に気をつけなければならない。「安倍一強」の言葉が多用されると、現実と乖離した錯覚が広がってしまう。選挙で安倍自民に投票する主権者は全体の18％。5人に1人もいない。公明党に投票する人が7％。主権者の4人に1人しか安倍自公には投票していない（比例代表選挙）。反自公に投票する主権者はこれを上回る。しかし、選挙制度の特性によって国会議席の7割を安倍自公が占有してきた。このために「安倍一強」という言葉が使われているのだが、この言葉によって人々の意識まで誘導されてしまう。

マスメディアが流布する歪んだ情報、歪んだ言葉の嘘を見抜いて、「印象操作」の罠に嵌《は》まらぬようにしなければならない。多くの主権者の意識が政治とは異なる方向に誘導されるなかで、既得権を維持しようとする25％の人々が熱心な選挙活動を展開し、その結果として「今だけ、金だけ、自分だけ」の「三だけ主義」政治が日本を覆い尽くしてしまっている。

私たちはすべてのことを疑うことから始めなければならない。自分の目で物を見て、自分の頭で物を考え、そして行動する。そのためには、マスメディアが流布する色のついた情報ではなく、真実の情報を入手することが重要だ。

2015年夏に立ち上げた市民連帯運動「オールジャパン平和と共生」は、平和、共生、脱原発、TPPプラス離脱、対米自立の政策路線を掲げてきた。経済政策では、消費税廃止へ、最低賃金全国一律1500円、最低保障年金、奨学金徳政令、一次産業戸別所得補償の具体策を提言してきた。この政策提言がいま、日本全体に大きな広がりを示し始めている。

日本政治を刷新するためには、明確な政策の旗の下に主権者が結集することが必要である。明確な政策公約の旗の下に主権者の25%が結集すれば、直ちに現在の政治権力に拮抗する勢力になる。さらに、これまで参政権を放棄してしまってきた主権者の50%が政治刷新運動に加われば、日本政治を私たち主権者の手元に必ず取り戻すことができる。

ある成功者が成功の秘訣を伝授してくれた。必ず成功するにはどうすればよいか。答えは「あきらめないこと」。成功するまでは、絶対にあきらめない。これが成功をもたらす秘訣なのだ。2009年には主権者の7割が投票所に足を運び、自らの意思を一票に託し、見事に主権者のための政権を樹立した。残念ながら、主権者の付託を受けた代表者の一部が、主権者に対する背信行為を展開して、主権者がせっかく樹立した政権を破壊してしまった。この教訓を踏まえて、今度は、裏切りのない本物の主権者政権を樹立しなければならない。

2019政治決戦は、日本の新しい未来を切り拓くための出発点になる。本書を日本の未来を切り拓くための提案書として上梓する。消費税廃止と最低賃金全国一律1500円の実現で、日本政治、日本社会は一変する。誰もが笑顔で生きてゆける社会を構築するガーベラ革命を成就するまで、絶対にあきらめずに進んでゆこう。政治の主役は私たち主権者だ。政策を基軸に、主権者が主導して日本政治を刷新する。愛・夢・希望に満ち溢れる日本社会を必ず実現するため、多くの同志の人々と力を合わせてゆきたい。

2019年6月

植草一秀

詩想社新書

詩想社新書発刊に際して

詩想社は平成二十六年二月、「共感」を経営理念に据え創業しました。なぜ人は生きるのかを考えるとき、その答えは千差万別ですが、私たちはその問いに対し、「たった一人の人間が、別の誰かと共感するためである」と考えています。

人は一人であるからこそ、実は一人ではない。そこに深い共感が生まれる——これは、作家・国木田独歩の作品に通底する主題であり、作者の信条でもあります。

私たちも、そのような根源的な部分から発せられる深い共感を求めて出版活動をしてまいります。独歩の短編作品題名から、小社社名を詩想社としたのもそのような思いからです。

くしくもこの時代に生まれ、ともに生きる人々の共感を形づくっていくことを目指して、詩想社新書をここに創刊します。

平成二十六年

詩想社

植草一秀（うえくさ　かずひで）

1960年、東京都生まれ。東京大学経済学部卒。大蔵事務官、京都大学助教授、米スタンフォード大学フーバー研究所客員フェロー、早稲田大学大学院教授などを経て、現在、スリーネーションズリサーチ株式会社代表取締役、オールジャパン平和と共生運営委員。事実無根の冤罪事案による人物破壊工作にひるむことなく言論活動を継続している。経済金融情勢分析を継続するとともに、共生社会実現のための『ガーベラ革命』市民連帯運動、評論活動を展開。政治ブログ＆メルマガ「植草一秀の『知られざる真実』」で多数の読者を獲得している。1998年日本経済新聞社アナリストランキング・エコノミスト部門１位。『現代日本経済政策論』（岩波書店、石橋湛山賞受賞）、『日本の独立』（飛鳥新社刊）、『アベノリスク』（講談社）、『「国富」喪失』（詩想社）、『日本を直撃する「複合崩壊」の正体』（ビジネス社）、『国家はいつも嘘をつく』（祥伝社新書）など著書多数。
スリーネーションズリサーチ株式会社
http://www.uekusa-tri.co.jp/index.html
メルマガ版「植草一秀の『知られざる真実』」
http://foomii.com/00050

詩想社
―新書―

28

25%の人が
政治を私物化する国

2019年７月８日　第１刷発行

著　　者　植草一秀
発 行 人　金田一一美
発 行 所　株式会社 詩想社
〒151-0073　東京都渋谷区笹塚1―57―5 松吉ビル302
TEL.03-3299-7820　FAX.03-3299-7825
E-mail info@shisosha.com

D　T　P　株式会社 キャップス
印刷・製本　中央精版印刷株式会社

ISBN978-4-908170-23-2

詩想社新書

1
リーダーのための「人を見抜く力」
野村克也

忽ち3刷！　各メディアで絶賛。名捕手、強打者にして名将といわれた著者の実績を支えていたのは、独自の人間観察眼だ。人間性や将来性、賢明さなど、どこに着眼し、どうその人間の本質を見破り、育てるかを初めて明かす。

本体880円＋税

10
資本主義の終焉、その先の世界
榊原英資
水野和夫

大反響4刷！「より速く、より遠くに、より合理的に」が限界を迎えた私たちの社会。先進国の大半で利子率革命が進展し、終局を迎えた資本主義の先を、反リフレ派の二人が読み解く。

本体920円＋税

11
言葉一つで、人は変わる
野村克也

大増刷！「野村再生工場」を可能にしたのは、「言葉の力」だった！　言葉がその人の考え方を変え、行動を変え、ひいては習慣を変え、ついには人生をも変える。どんなとき、どんな相手に、どのような言葉が響くのかを明かす。

本体880円＋税

12
誰がこの国を動かしているのか
鳩山友紀夫
白井　聡
木村　朗

元・総理が、この国のタブーをここまで明かした！　総理でさえままならない「対米従属」というこの国の根深い構造とともに、鳩山政権崩壊の真相を暴き、「戦後レジーム」からの真の脱却、真の独立を説く。

本体920円＋税

詩想社新書

13

原発と日本の核武装

武田邦彦

なぜ、日本は原発をやめないのか？　原子力研究者から脱原発へと転じた著者が、原発推進派、反対派それぞれの主張を科学的に検証、あわせて日本の核武装の可能性まで分析、原子力事業のタブーを明かす！

本体920円＋税

15

野党協力の深層

平野貞夫

小沢一郎との対談収録！　政権交代への戦略を語る。小沢一郎の懐刀と称され、共産党とも太いパイプのある著者が、これまで明かされなかった国会秘話とともに、共産党の大転換の過程、野党協力の深層部を明かす。

本体920円＋税

16

「国富」喪失

植草一秀

国民年金資金や個人金融資産など、日本人が蓄えてきた富がいま流出していっている。ハゲタカ外資の日本浸出の実態を明かし、それに手を貸す政治家、財界人、メディア、官僚の売国行為に警鐘を鳴らす。

本体920円＋税

17

プロ野球　奇人変人列伝

野村克也

ノムラが見た球史に輝く強烈キャラクター52人を選出！　球場の医務室で出番まで寝ている選手、財布を持ち歩かないドケチ選手、マウンドから監督を怒鳴りつける投手、ケンカ野球の申し子…あの名選手たちの超ド級の変人伝説を大公開！

本体880円＋税

詩想社新書

18
「高齢者差別」この愚かな社会
和田秀樹

財政ひっ迫から、高齢ドライバーの事故まで、様々な社会問題の責任を不当に負わされ、特養不足は放置され、認知症、寝たきりへの偏見は蔓延し、医療現場ではその命さえ軽視されつつある「嫌老社会」に警鐘を鳴らす。

本体920円＋税

19
「文系力」こそ武器である
齋藤　孝

「文系は役に立たない」は本当なのか？「理系になれなかった人」が、文系なのではない。文系人間の持つ文系力とはいかなるもので、それが社会をどう動かしてきたかを明らかにし、文系力の鍛え方、社会と自分の人生への生かし方も説く。

本体920円＋税

20
権力者とメディアが対立する新時代
マーティン・ファクラー

特定メディアへの敵意をむき出しにするトランプ、安倍…権力者とメディアの闘いの最前線と、新メディア乱立でフェイクニュースがあふれる時代のメディアリテラシーをニューヨーク・タイムズ前東京支局長が説く。

本体920円＋税

21
書き換えられた明治維新の真実
榊原英資

日本が列強の植民地とならず、急速な近代化を成し得たのは、徳川幕府の功績だった。勝者による歴史解釈・薩長史観を排して、テロとポピュリズムによるクーデターという明治維新の実態に迫る。

本体920円＋税

詩想社新書

22

「日米基軸」幻想

進藤榮一
白井聡

「米国について行けば、幸せになれる――」。戦後日本人が抱き続けた幻想の正体。アングロサクソン支配の世界構造が激変する中、なぜ、日本は米国に盲従するのか。「日米基軸」という幻想に憑かれたこの国の深層を解き明かす。

本体920円+税

23

成功する人は、「何か」持っている

野村克也

「素質」でも「運」でもない「何か」が人生を決める。プロテストを受け、なんとかプロ入りを果たした無名選手の著者は、いかに名選手ひしめく球界を這い上がったのか。プロ最下層から夢をつかんだ自身の物語を初めて明かす。

本体920円+税

25

「金融緩和時代」の終焉、世界経済の大転換

榊原英資

水野和夫氏推薦！　世界各国で緩和政策が終焉を迎えるいま、グローバリゼーションの矛盾と近代資本主義の限界に私たちは直面している。ポピュリズムが台頭し、統合から分断へと向かい出した世界のその先を読む。

本体920円+税

26

株式会社化する日本

内田樹
鳩山友紀夫
木村朗

私たちはいつから、株式会社・日本の従業員になったのか。人々に従業員マインドが蔓延し、急速に劣化した政治。成長を追求してきた資本主義は行き詰まり、対米自立の夢は挫折した。平成という特異な時代の実像から戦後日本の深層を読み解く。

本体1000円+税